雙桂長春

王慶芳生命史

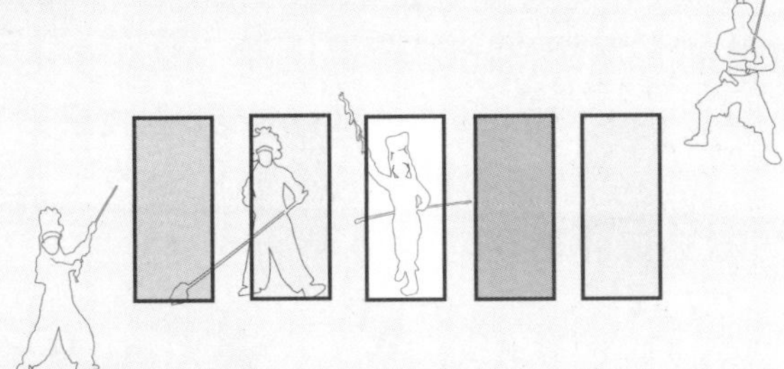

縣長序

保存戲曲發揚藝術

亂彈戲曲傳入臺灣的時間，約在清朝中晚期。這門表演藝術的實質內容，除了表現花部戲曲的某些特色，也提供了現代人據以探究過去人們的生活、文化與藝術的一面鏡子，顯示庶民文化在尋常生活裡的樣態。

在亂彈戲曲演出活躍的全盛時期，全臺灣曾經有多達三十團以上的亂彈班。然而，近三十年來，社會型態的快速變遷，使得整個傳統戲曲界面臨極大的生存挑戰。職業亂彈戲班日漸凋零，不僅是出身童伶班的藝人們年事已高，還有後繼乏人的傳承窘境。有鑑於此，如何有效地保存甚至推廣這門藝術精湛的內涵，便是一項值得推動的、兼具文化與歷史意識的工作。

基於懷鄉土、緬文化的前提，本縣文化局擬定了若干議題，並策劃工作計畫，推動戲班耆老伶人口述歷史，重新建構地方戲班伶人相關史料，嘗試以不同形式的保存方式，留下珍貴的文化資產及建置基礎資料，也用來充實本縣傳統戲曲文化之資源。

針對曾是臺灣亂彈戲曲重要據點的後龍東西社一帶，以亂彈戲曲伶人王慶芳爲對象，規劃執行的「老新興班歷史圖像與王慶芳生命史研究」計畫，旨在研究王慶芳與其家族生命史，並透過身爲亂彈戲曲、採茶戲曲伶人的王慶芳先生，對其自身生涯的回顧，重建一個曾經活躍於1950年代臺灣苗栗後龍的亂彈戲班----老新興，以及同時代活動於此間的其他伶人、樂師與友朋的形貌。作爲時代的一個縮影。

日治時期的臺灣，是中國京班表演的重要海外據點。中國京班陸續來台，帶來不同歷史階段與型態的表演藝術。本書藉由王慶芳生父----江玉寶這樣一位京班演員的飄海奇緣爲始，引出江、黃、王、潘等不同家族的血脈、文化與歷史的交集，更能表述王慶芳看似平凡卻又不同一般的戲曲經歷。

本縣文化局的初衷，即在於透過不斷的研究與撰述的累積，或者不同的領域，或者不同的區域，以人們的交會與互動，逐漸拼出臺灣過去歷史文化中的種種景貌。這是本縣文化局推動傳統藝術與文化工作的堅持，而所有成果的呈現，最重要的還是得感謝執行者長期的耕耘，以及受訪耆老的配合，執行過程中審稿委員的指正和局內同仁們的努力，相信都是玉成這份甜美成績的堅實基礎。

傅學鵬

局長序

舞台生涯見證藝術活水

在十九世紀末、二十世紀初，台灣本地的傳統戲曲劇種中，亂彈戲曲是相當具有代表性的一個戲曲表演門類。苗栗縣在這個劇種的發展歷程，有幸扮演了一個頗具份量的角色。尤其是後龍的東社與西社，這兩個道卡斯族的平埔族裔聚落，使曾經孕育出許多傑出的亂彈戲藝人，東社域內並曾出現過多個著名的亂彈戲班。本書研究主題，本縣亂彈、採茶戲曲傑出藝人王慶芳，雖非平埔族裔，卻爲東社著名亂彈戲班其中之一「老新興」當年班內重要的台柱演員。

由此看來，戲曲除作爲人類文化藝術現象的表徵之外，體察這個歸屬於漢族的表演藝術，也可藉以觀察其融入當地各個族裔生活的景貌。實際上，參與此中的表演者，除了平埔族裔、客家族裔，也包含了福佬族裔、新住民等等族群，亦可視爲是苗栗「多元文化」融聚一爐的見證。有鑑於傳統之於創新，實有著賡續基礎的重要意義，本局長年以來陸續推動縣內各族裔在文化歷史藝術等方面之保存與整理，透過更深刻的研究方式，期待將無形的文化資產轉化爲有形的寶貴資料。

此次本局投入以藝人王慶芳爲紀錄對象的「老新興班歷史圖像與王慶芳生命史研究」計畫，出版《雙桂長春・王慶芳生命史》，便是以王慶芳先生個人的生命經歷口述歷史爲主軸，結合其人所保存家族親人、友朋的老照片等圖像，作爲基礎材料，經由長年浸淫此間的學者的訪談與研究，將視覺圖像類的文獻，經由文字的論述和補充，賦與紀錄時代的意義。

撰述者透過橫跨多種劇種（亂彈戲曲、採茶戲曲、外江京劇、歌仔戲）的王慶芳先生對其演藝經歷的回顧，穿插不同戲齣之題或唱段歌詞，串爲各章節之序幕，導引讀者經驗一段舞台生涯、藝術生命，也從中領會庶民文化與生活交會的光芒，無疑是這段歷史的一個取樣、一個縮影。這本書因而現示了家族血脈、歷史文化之於人與社會的意義和價値。

長期以來，本局同仁向以推動本縣在地的文化傳承與發展爲已任。除了各項藝文活動的推動，推廣藝術活動的學習和參與之外，對於本縣境內各類文化藝術的調查和研究、出版，也十分重視。個人相信，唯有經由各類實務的展演活動和理論性論述的相互配合，同時廣泛結合不同領域的人們以不同專題的模式，持續地追求與努力，才能眞正更進一步地深化、豐富苗栗本地的藝術文化。

周錦宏

說明與凡例

《雙桂長春：王慶芳生命史》（以下簡稱本文），全書所錄包括王慶芳先生（以下簡稱傳主）個人生命史撰述，以及王家的家族歷史圖像*整理兩部分。相關訪談以及資料蒐集、整理時間，主要於2004年至2005年間陸續進行。期間田野調查及訪談工作者，除筆者個人之外，另有林曉英、陳怡如、陳怡君等三位研究者參與，並承協助製作訪談記錄。專文撰寫工作，由筆者負責，之後雖經多次與傳主討論確認，但文中任何缺失，或不盡詳確處，仍應由筆者負擔文責。

此次苗栗縣文化局委託筆者執行整個整理、撰述、出版計畫期程，於2005年4月至同年10月。**

以下爲本文撰述相關凡例說明：

一、本文撰述所設各章節，皆以戲齣設名，其中除《羅卜挑經》屬目連戲，其餘皆屬亂彈戲戲齣，各章首所引各戲齣曲（劇）詞，亦然。

一、全書所記錄生命史，主要根據傳主個人所提供口述資料完成。文內旁及相關事件，則由其他藝人之田野訪談，以及既有文獻、研究論述補充。

一、本書撰文，全文採第三人稱，以傳主家族、個人經歷及生平見聞爲軸，報導傳主及其家族相關戲曲活動。

一、爲求統一，本文所述及相關年代，皆以西元紀元，部分涉及日治時期年代，則再以年號補充。

一、爲便於行文，本文所述及人物，所知者，或有不能於正文詳述其姓名及生平，分別皆於註腳補充。

一、傳主所報導人物，或有不能確知其姓名及生平，可知其偏名綽號者，以綽號記名，並以「」標示，僅知其姓氏或姓名部分者，以□標註，如傳主生父江玉寶之義妹江□□，傳主妻子李春蘭早年師從之藝師吳□英， 皆採此一模式記錄。

一、爲便於行文，本文所述及戲齣名稱，不論劇種，皆以《》標示，曲名則以〈〉標示，餘外再另於內文或註腳補充說明文字。

---

* 全書包含內文所用圖像，主要來源多爲王慶芳先生本人提供，部分爲筆者田野攝影記錄。

** 本文寫作期間承吳榮順、徐亞湘兩位教授提供筆者有關撰述的修正意見，此外，並蒙許亞湘教授惠賜「宜人京班」等相關團體、人物背景重要訊息，鄭榮興教授以及苗栗慶美園文教基金會、榮興客家採茶劇團協助蒐集資料，才得順利完成，謹此敬申謝忱。

目 錄

壹、雙桂・長春

老新興劇團
台北
富春戲院

一、雙　桂　圖

一日離家一日深，好比孤鳥宿山林。
雖然在外風光好，還有思鄉一片心。
《雙桂圖》1

（一）歸 宿

傳統漢族戲曲劇種裡，不乏以描寫家庭離散、重逢為主題的戲齣。以亂彈戲所見的劇目為例，不論是《販馬記》、《桑園記》、《藥茶記》，無一不藉由家庭的變故、矛盾，鋪陳善惡忠邪，人倫親情，展開一段又一段的悲喜劇情。尤其，劇中最終能協助全家團圓，進而光耀門楣的幾個角色，在情節推進的過程裡，經常被迫遭遇一段離奇的流浪。然後，在這段流浪的旅程裡，由於機緣巧合，找到解決困境的機會。

這些戲裡，離家的情節，是返家過程的一部份。正如《雙桂圖》中，藍芳草一角，離家後再次返回戲台上，所唱「一日離家一日深，好比孤鳥宿山林。雖然在外風光好，還有思鄉一片心。」唱詞，「孤鳥」期待歸巢，「思鄉一片心」的心情。但在現實的人生裡，「離家」與「返家」的關係，在空間的位置上，卻不必然是對稱的對應。「離家」的眞實理由，在於重新建立一可供「返家」的歸宿之處。

（二）告 別

一名青年京班武生演員，名不見經傳，來自浙江，在上海，帶著同為演員，專攻刀馬旦的妻子，挨著一家，在戲班裡討生活。這對夫妻生養的四個小

1　亂彈戲齣《雙桂圖》藍芳草歸家〈平板〉唱段。《雙桂圖》，或作《雙貴圖》，又名《藍芳草》。

孩，自幼隨著父母浸淫在戲曲裡，也學戲。這對夫妻的子女中，長女專攻青衣，長子專攻武生，至于老三、老四，則分別攻習小花與大花。

一日，這演員死了，在菊壇裡沒掀起多大點漣漪，所撐持的家庭卻因此頓失依賴。這演員身後，妻子帶著子女另行改嫁。四名子女之中的長女、長子在失去父親的年紀裡，也告別了母親，離鄉他去。其中一人東渡海外。

（三）召 喚

一個紋面的泰雅少女，潘碧戈，嫁給一個在埔里看守隘線的隘勇爲妾，生養了兩個跟著自己使用相同漢姓的女兒。其中一個，潘清金，日後不但嫁給漢人，還跟著演戲爲生的丈夫，唱遍了這個島上日本時代，所有漢人世界裡風行戲曲劇種。

王樹生，一個住在通霄白沙屯海濱的漁夫。像村裡所有崇奉媽祖的青年人，每年都自願擔任媽祖繞境鑾轎的轎夫，隨同媽祖守護地方的平靜。這年，他卻在守護神駕的路途上癱倒了下來。嚥氣之後，地方傳說：樹生是被媽祖召去當兵將。卻不知，這個媽祖召去的忠實信徒，家中留下了一個年輕的妻子，以及一個才三歲的幼子。王進。

（四）繁 衍

從上海到苗栗。這是一個奇妙的戲曲表演家族歷史與移民傳奇。一個年少氣盛的京班演員，江玉寶，爲了不想留在繼父家中仰人鼻息，在母親改嫁之後，隨著戲班，單人隻身東渡，來到台灣。在島上，憑著一身的本事，除了養活自己之外，也與一個來自苗栗大湖的一個少女演員，共組一個家庭，生養了一群子女。爲這個家族在此繁衍歷史，搭下了一段不凡的「開台」。

流浪多年之後，終於在戲班找到安身立命的王樹生之子，王進，靠著一身亂彈戲表演技藝，除了掙得謀生的本事與同行的敬意之外，也因此贏得一個有「蕃人」血統的埔里女子的芳心，進而追隨著他，成爲戲班行內的一份子。年過三十，遲遲未能生養子女，是這對夫妻生命中當時最大的遺憾。直到江氏夫妻同意將子女之中的三子江慶芳過繼王家。江慶芳從此成爲王慶芳。

（五）返 家

亂彈戲《雙桂圖》、《藥茶記》兩劇中，不論是藍季子或張浪子角色，都是民間所謂的「隨轎後」的「前人子」，由於母親的改嫁，隨之進入新的家庭。戲裡，季子、浪子選擇融入，以自我犧牲、不凡的行動，爲家庭貢獻，終得「返家」。眞實世界裡的王進與江玉寶，則選擇離開原生家庭，以一己之力獨自、重新完成一個可以回返的「家」。兩個自幼失怙，長年流離異鄉的流浪藝人，在戲班中結識，因爲家庭背景、生命閱歷的相似，性情的投契，倍感投緣。由此，兩家的私誼原本不凡，如今加上一個共同的「兒子」。

血緣、親族、生活、藝術，兩個家族的世界充滿著變化、流動、組合。王家與潘家，江家與黃家，以王慶芳〔圖 1-1〕爲軸心，一個過繼的養子，聯繫兩家四姓。三代中，包含著外省、閩南、客家、原住民，融合台灣四大族群。共同經歷京戲、亂彈戲、歌仔戲、採茶戲，於不同歷史階段所發展的文化與社會。平凡的家庭，不平淡的生活，在先人、長輩口述相傳的生命故事裡，成了家族歷史記憶的一部份。

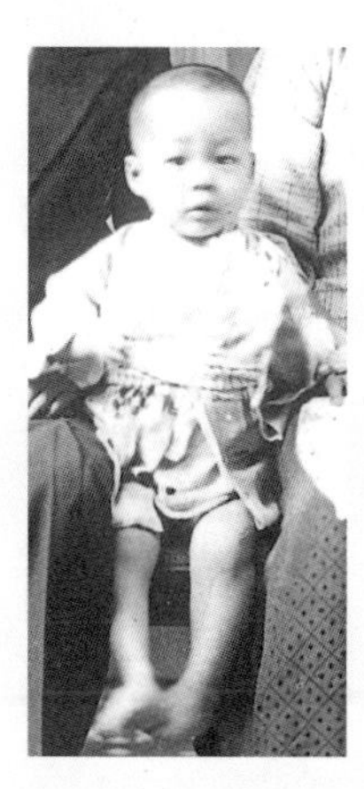

圖 1-1　王慶芳

二、飄　海

鍾離手執芭蕉扇，叫聲列仙隨我飄。
只見大仙飄海過，癲狂忙把葫蘆翻吊。
果老竹筒水面飄，國舅手打陰陽板。
仙笛一聲浪波消，笊篱一降水波響。
只見列仙飄海過，方顯仙家妙法高。

《飄海》2

(一) 東 渡

《飄海》，亂彈吉慶武戲。劇情演眾仙赴王母蟠桃盛會，宴末，八仙中呂洞賓酒後興起，帶著何仙姑往東海遊玩而去，同八仙鍾離權等人發現後，隨後追趕。八仙大鬧東海。東海以東，無際的海域，不僅是大陸的地理邊緣，還是不同歷史與傳奇浪漫的起點，冒險的場域。

飄海東渡，曾在上海有過童年生活，以及一小段登毯演出的菊壇經驗，一對京班青年武生與刀馬旦夫妻之子，江玉寶（1914-2000），離開上海轉赴台灣的旅蹤浪跡，不只是一段地理位置轉移的旅行，同時更是個人生命旅程的賭注與嘗試。由於這個抉擇以及隨後的種種因緣，乃有苗栗籍著名亂彈戲、採茶戲藝人王慶芳的出場。玉寶一生戲曲演出的旅程，是慶芳生命重要的前史。因爲江玉寶的出現，江、黃、王、潘幾個家族的歷史出現交集。

王慶芳，1939年生，出身「慶貴春陞」亂彈戲班童伶，專攻生、丑，現爲苗栗榮興客家採茶劇團前場演員。出生在一內台戲班內，爲前場中國籍演員江玉寶與大湖女子黃菊妹兩夫妻第三子，三歲起，過繼予同班藝人王進、潘清金夫婦，成爲王家獨子。之後，隨養父母接觸亂彈戲，七歲正式入行。慶芳過繼王家後，江、王兩家於藝業人生路途上不曾再待同一戲班，從事的劇種也各有不同，但仍保持聯絡，相互往來。

2　亂彈戲戲齣《飄海》八仙入東海追趕呂洞賓 與何仙姑，在波濤之上的唱段。

圖 2-1　1955 年，江玉寶 41 歲時所攝，《長坂坡》趙雲扮相。

(二)家史

有關江玉寶來台前家庭際遇的追記，不論多麼簡略、片段，終歸是玉寶傳下江家家史重要的一段，更是王慶芳生命史起點。

專攻武生，藝名「賽飛堂」的玉寶〔圖2-1〕，十歲那年跨海東渡，隨著一上海劇團到台灣旅行表演。來台之後，有著矯健身手的江玉寶因緣際會留了下來，在本地戲班之中尋找發展事業的機會，一生主要活躍於北台灣的客家戲曲界，直到終老，不曾再回到原生的故鄉，與親友音信全斷。有關江家來台之前的家史，透過平日的點滴回憶與追懷，玉寶妻小日後終於還能知道一二。但，十分片段。

江家在中國，原本即是伶人家庭。玉寶與姊、弟四人，由演員出身的父母敦促與教導之下，分別攻學不同行當，生、旦、淨、丑各有專長。從戲曲演員培育的角度可以發現，江家這對專攻武生與刀馬旦的父母，對於子女的寄望其實相當殷切，玉寶等人所學行當，除了大姊所學青衣以唱工為主，其餘三兄弟都從強調功架、身段的行當入門，不冒男性於青春期可能因變聲倒嗆的危險，搶學唱工為主的行當，務求各人未來在梨園行內的攻守進退，皆能有所依據。其次，由於一家人分學不同角色，未來若有機會組班，兄弟間也能各有所司、各有所長，不必相互傾軋。

看來一輩子都會聚在一起，端著同一桌鑼鼓飯碗，以演戲為業的一家，因為江父的猝逝，讓這個家庭發生了巨變。在江家男主人過世後不久，經由同行的撮和，將玉寶枝母決心帶子再嫁，希望讓另一個男人幫助她撫育四名遺孤。這人也是劇界同行的再婚對象。江母婚後不久，江家長女眼見父歿母改嫁，不願寄人籬下，隨即離開家庭，獨立他去。長男玉寶則隨著母親在繼父家中生活了一段時間，當知道有戲班將遠行台灣表演，也決定追步大姊出走的決定，離鄉背井。1924年前後，江玉寶追隨著前輩趙福奎[3]的腳步，與「鴻福班」來

3　根據學者徐亞湘之研究，趙福奎，1916年隨上海上天仙班來台後，即定居台灣，在本地戲班擔任教師，晚年於苗栗銅鑼過世。徐亞湘，《日治時期中國戲班在台灣》，台北：南天書局。2000。頁209-210。

到台灣。[4]當年離家決心定居他鄉的決定，讓他從此與原生家庭從此斷絕聯絡，直到生命終了。江玉寶日後從未告訴妻小，如何有此決心，也從未提及返鄉的打算。甚至於，有關江玉寶與趙福奎的淵源，他的後人說不清楚。

（三）留 台

日治時期，台灣曾經是對岸中華戲曲藝人展顯技藝，重要的海外據點，「只見列仙飄海過，方顯仙家妙法高」，一班接著一班的中國劇團乘船飄海而來。不論是老於江湖的資深藝人，或是初出茅廬的菊壇新秀，來在台灣，無不希望大顯身手，進而名利雙收。[5]相當數量的中國籍戲曲表演者在此地，透過不同的演藝團體，尋找他們的機會。這些人之中，大部分在演出活動結束之後即隨團返回中國，返回家鄉。但也有部分人士，選擇定居本地，成爲本地劇界的一份子。原籍江蘇省南通縣城外鄉的江玉寶，與同團的前輩趙福奎在1930年代當時，即選擇留在台灣。

見多識廣的趙福奎留在台灣之後，曾入台南的「紫雲歌劇團」[6]，先後也在其他本地劇團搭班，擔任教戲先生職務。相對的，不滿二十的玉寶，從一個京班演員，轉入異鄉的地方戲劇團謀生，演的是自己不熟悉的戲曲，加上江湖閱歷的不足，最初只能憑藉一身長靠、短打的身段武功。從武行幹起，

---

4 根據推算，江玉寶來台時間，應於1924年間，見諸於報刊當時期來台的上海、福州京班，如有「慶興京班」（1928.01-05，台北）、「上天仙班」（1929.03，台中），「鴻福班」當時期雖然也在台南曾文郡地區活動，但因常年演出不順，兼因與「金寶興」競爭致惹糾紛纏身，顯無餘力招新。見《台灣日日新報》〈新春劇界〉1928.01.27 第四版 第9971；〈永樂菊話〉1928.02.03 第四版 第9978號；〈永樂座新齣目〉1928.02.14 第四版 第9989號；〈爭排新劇目〉1928.03.04 第四版第10008號；〈菊界新劇續演〉1928.03.24 第四版 第10028；〈菊部瑣談〉1928.02.26 第四版 第10001號；〈劇界消息〉1928.04.30 第四版 第10065號；〈臺中・正音降價〉 1929.03.16第四版 第10383E號。

5 有關日治時期來自中國戲班在台活動情況的研究，可詳見徐亞湘，《日治時期中國戲班在台灣》，台北：南天書局。2000。

6 見薛宗明，《台灣音樂辭典》，台北：台灣商務印書館。2003。頁384。

是同輩藝人對他青年時期的印象。[7]進而逐漸融入在地的戲班生態，進而揉合之前所學，重新架構屬於自己的戲曲技藝特色。當同行者回鄉之後，玉寶轉入一歌仔戲班，以擔任武行作爲在本地事業的起點，到轉入「ひのり班」，十九歲的他此時，已是班中的台柱，經常演出重要的角色。

黃菊妹（1914-）〔圖2-2〕，苗栗大湖人，「ひのり班」內台劇團中的青年旦角。農家背景的父母所生四男一女中，只有菊妹一人學戲。菊妹離家來在姑父經營的「ひのり班」，原本說好是爲幫姑母照顧小孩。十幾歲的少女來到姑父的歌仔戲班後，卻因爲面貌姣好、聲嗓清亮，同班中人鼓勵菊妹家人讓她學戲，以免辜負天分。從此，這個來自大湖獅潭小村農戶裡的客家女孩，便留在戲班中學歌仔戲，專攻小生，進而成了班中舞台上的靈魂人物。相差一歲的菊妹與玉寶兩人，一文一武，經常在戲臺上對手搭檔演出。因同班共事而結識，進而論及婚嫁。玉寶十九歲當年歲末（1932年底或1933年初），在班中迎娶了十八歲的黃菊妹。

圖 2-2　黃菊妹與王慶芳

（四）參與

與菊妹結婚之後不久，夫妻兩人決定離開姑父的戲班，進入一個以客家人爲主要成員，以表演改良戲爲主，另一個戲班。此後，玉寶夫婦一生分以「賽飛堂」、「黃蘭菊」名號，在客家戲班中發展，讓家族血脈在本地開枝散葉，八男一女。[8]其中還有江碧珍、王慶芳兩人，承繼著家傳的戲曲藝術細胞，在舞台上光閃熠熠。〔圖2-3〕

7　見徐亞湘，《日治時期中國戲班在台灣》，台北：南天書局。2000。頁207。

8　江玉寶夫婦所生養子女，原本應有十一人，但其中兩人夭折。其餘九人除王慶芳過繼王家外，另七子江新財過繼予黃菊妹妹夫家，改名涂新財；九子江仁添過繼予同行友朋蔡文灶（曾爲「新永光」劇團武場頭手樂師），改名蔡仁添。

江玉寶定居台灣後的藝業，前期主要在內台班發展，戰後起，先後在「明興社」、「三義園」、「新勝園」[9]幾個客家戲班從事表演，演出場域則由內台，到本地戲曲商業劇場環境條件衰頹，轉成爲外台戲班。直到七十幾歲，因病才正式退休在家。[10]

玉寶夫妻的姻緣成就於有京班前輩與女方戲班家族親人的撮合。只是在環境現實下，江玉寶與黃菊妹的婚姻，原本備受壓抑，妻子娘家舅兄，不僅因爲妹夫只是個在戲班討生活的青年演員，更因爲他孤身在台的處境，處處爲難。其中尤以在大湖郡役所任職的舅兄黃梅森爲甚。在他眼裡，這位支那妹夫與自家妹妹的婚姻關係，男方家長既未出面，又無媒無聘，在家族中的身份，算是入贅黃家。玉寶不僅個人受到輕視，連自己與菊妹生養的小孩，黃梅森也提出應隨娘家黃姓，令人難堪的要求。所幸有妻子的支持，所生養子女終得隨父姓江，但婚後每每回到大湖娘家，這位大舅仍舊頑固地主張，玉寶與菊妹的小孩要叫他伯父。這點，江玉寶暗自忍下，默默地接受了。但似乎因爲兄長對戲班人如此的歧視，菊妹日後極力反對自己小孩學戲。以致於日後只有女兒碧珍，以及送養王家的慶芳姊弟兩人，或由於早年社會重男輕女的價值觀，或由於養家的意願，才得以延續家族的戲曲表演傳統。

當年如江玉寶所經歷，大批先後來台演出的劇團及其表演者，所引入的戲曲表演文化，改變了本地的戲曲文化生態環境。但將相對於動盪的中國時局，日本殖民地台灣，也爲當時的中國藝人提供一個相對安定的演出環境。再者，從藝術發展的角度而言，如果說「日治時期來台演出的中國戲班，基本上是融入台灣社會，並不斷探索與本地文化結合的可能性而成爲民眾喜好的戲劇形式的。」[11]這些經由中國戲班來台演出爲途徑，最終在本地落地生根的中國藝人，如江玉寶，則是在這些劇團離台之後，進一步延續，成爲參與形成台灣戲曲藝術文化內部的核心成員之一。

9　新勝園當時的負責人黃木通出身新竹湖口，是所謂的「洋洋人」，班中日常演出事務多委託江玉寶代爲打理。

10　黃菊妹則稍早於六十幾歲，隨三義園散班之際，先即退休在家照料家庭。

11　徐亞湘《日治時期中國戲班在台灣》，台北：南天出版社。2000。頁234。

圖 2-3　江玉寶家族合影

三、 十八海洋

自幼生來性剛強，採（采）石板上我爲王，
三拳打死鐵（帖）模（木）兒，纔得威名四海揚。

《江東橋》[12]

(一) 海 風

戲班向來的日常生活與作息，也常是身處一般社會的人所無法理解的。猶如逐水草而居，循著演出地點的轉換，戲班人一站換過一站。長年在不同的地方演出，接觸往來的人形形色色，隨戲班討生活的人，不論平時處世的風格如何，行走江湖，始終須要有比常人更強韌的個性與生命力。由這種強韌、豐沛的能量，與人生、世事打交道。

劇界裡，「自幼生來性剛強」的王進與他的一群朋友，結拜於1920年代，由於江湖事蹟遠揚，人以「十八海洋」通稱之。[13]「十八海洋」各人行事猶如草莽英雄，任俠熱情。對於王進個人，不太有人知道他童年與雙親共同生活期間的乳名叫「金龍」；也少有人知道王進早年失親後，鄉里鄰人曾以「紅目仔」鄙稱這個流浪的無家少年。相識者一般多以「海風」稱之，不直接稱呼姓名。

所謂「海風」，意指王進出身來自海邊家庭，是「搧海風長大」的成長環境自然特色。來自通霄的白沙屯濱海小村，一生以演戲爲業的王進〔圖3-1〕，十七歲才入台中「豐吉祥」學亂彈戲，與同期學戲的師兄弟相比較，入行的時間，顯然晚了很多年。入行之前，明治三十九年（1906）生的王進，三歲失怙，隨後母親改嫁陳家，之後，不堪寄人籬下於繼父家庭，於六、七歲之際即

12 《江東橋》常遇春（二花）上台定場詩。

13 「十八海洋」一詞，源出自亂彈戲曲中對出身綠林者之通稱，詞義大致可通所謂之「江洋大盜」或「綠林中人」；如《藥茶記》劇中「法場」一節，待斬諸人，除主角張善人（正旦飾）外，餘皆通稱爲「十八海洋」。

圖 3-1　1968 年前後，王進約 52 歲時所攝，演《秦瓊掛帥》之秦瓊（老生）扮相。

外逃他去，一人在外流浪多年。王母改嫁陳家後，另生育有兩三個小孩，異父弟妹居海線新埔一帶。由於王進本人與繼父家族的疏離，[14]王家後代日後對陳家那邊的親族、子女，也極不熟悉。除了一段時間曾回到王家家族依親，其餘歲月多一人自行在外。直到1922年，大正十一年。十七歲才入「豐吉祥」學亂彈戲戲。[15]

王進（1906-1970）進入戲班學戲的年紀，已近成年，比起一般的童伶年長，他之前的人生經歷，也更加曲折。在楊登賓（人稱「貓仔賓」）的「豐吉祥」班裡專攻老生，師從的戲先生人稱「海賊仔」。竹南中港人。[16]

十七歲才學戲的王進，進入戲班後，終得結束孤苦的流浪生涯，得有相對安定的人生。王進入班後，雖說在藝業上師從「海賊仔先」，但師徒之間由於年紀相差不遠，約莫只十來歲的差距，兩人感情深篤，加上「海賊仔先」沒有師父的架子，視王進如弟，不與師徒相稱。此後兩人關係亦師亦友，畢生互有聯繫。師徒兩家之間的子女，彼此也以姊弟相稱。[17]

---

14 由《台灣慣習記事》（第十二號）所錄〈判例・交出幼女及排除不當行爲〉（明治34年控民第198號），判文於前「判決要旨」謂：「依本島的習慣，母親改嫁他人時，其子雖可隨母到新家，但並不成爲新家的人，與新家沒有任何關係，完全是外人，故無監護權，也沒有干涉的權力。」可知當時台灣社會對於王進這類隨母改嫁子與繼父家庭之間，不論就成俗或法律，彼此的關係乃至於約束力，均十分淡漠。見台灣慣習研究會原著、台灣省文獻研究會編譯，《台灣慣習記事（中議本）・第三卷（下）》，南投：台灣省文獻研究會。1987。頁295-96。

15 王進隨母改嫁入陳家後至學戲前的流浪生涯，最初原入一地主家中當長工，之後逃離主家，返回白沙屯王家家族依親，不久再離王家，隻身北上台北，期間以賣豆腐爲業，兼又賣了一陣子的大甲蓆，之後再回白沙屯，以幫「牽罟」網撈魚獲維生。

16 根據邱坤良對「豐吉祥」童伶班內聘用戲先生情況的調查，可知當時代於1920年後，「豐吉祥」所聘戲先生前後分別爲王來生、潘秀興兩人。再從王進入班學戲的時間，以及日後「海賊仔先」二女以姑姑稱呼王進妻潘清金等線索，則當時他師從的戲先生「海賊仔」，可能即爲潘秀興。見邱坤良，《台灣地區北管戲曲資料蒐集、整理計畫期末報告》。1991。頁51。

17 「海賊仔先」育有二女，分別爲潘寶蓮〔圖3-2〕、潘玉環〔圖3-3〕，其中寶蓮夫曾長年隨「慶桂春陞」等亂彈班巡迴演出，於戲臺下設攤營生。先後曾擺過「搖三六」（小賭攤）、「李仔糖」攤、「絞糖絲」（棉花糖）攤…。

圖 3-2　潘寶蓮

圖 3-3　潘玉環

（二）任 俠

早年台灣本地投入戲班行業的人，多半來自貧苦家庭，甚至於還可能因爲父母家族內部有著些許的難言之隱，不得已才讓子女賣身，投入梨園行學戲謀生。俗諺「父母無聲勢，送子去學戲」，傳達的正是早年這類學戲童伶原生家庭類似的處境。對於某些人而言，學戲，未必是家庭、父母的選擇，而是在自願的情況下，個人的選擇。但無論如何，入班學戲，在某種程度上，始終意味著一種在社會上屬於弱勢者的困頓與解決之道。

隨著戲班四處而去，即使朝暮間或得在不同的地方演出，與孤身流浪畢竟不同。王進在戲班中尋找到生命的認同與安頓之所。在「豐吉祥」的師兄弟、師傅「海賊仔」的身上，得到同儕、長輩支持的力量，不再是「孤宿山林」的離群之鳥。日後隨著闖蕩戲界，從同門師兄弟，到同行好友；從同爲亂彈戲演員，到旁及其他劇種的表演者，交遊日漸寬廣，陸續結識多位異姓結拜兄弟，最終乃有「十八海洋」。

童年的王進，際遇坎坷。青年的王進，熱情剽悍。身處戲曲界的王進長期在外演戲，慣走江湖，生命裡始終糾和著一群並稱「十八海洋」的異姓結拜兄弟，同時與這一群「換帖仔」，叱咤一時。猶如《瓦岡寨》戲裡，一夥強人兵強馬壯，期待日後以此奪得一片江山。但「十八海洋」始終是「十八海洋」，個個皆有著頭角峥嶸的個性，即使面對自己的結拜兄弟，脾氣暴躁、強烈的王進仍是不假詞色，一貫地直來直往。也因此，當日後有機會帶攜妻帶子再入「南華陞」後不久，即因自覺在結拜兄弟何秋同當老闆的戲班裡生活，不自在，再度選擇出班。另覓新的劇團合作。

早年長時間流浪無依的獨立生活，讓王進培養出強烈剽悍的個性，矯健的身手。在戲班不久，即以透亮的嗓音，突出的身段、功架，在老生演員的行列裡，以文武兼擅的表演特色在劇界崛起。

（三）義 結

慶芳記憶所知的「十八海洋」，只知王進、何秋同、林裕、林啓明、陳萬成、鍾阿知、劉金泉、劉隆發、曾新才、「宗仔伯」等人。18「十八海洋」爲稱，王進、鍾阿知等拜把兄弟，是否眞有十八個人，作爲第二代的王慶芳並不完全瞭解，只知道，一路以來在劇界只要遇到這些父親的異姓兄弟，父母都會特別吩咐，要以叔、伯相稱。印象中，童年以來每次遇見這些與養父並稱「十八海洋」結拜兄弟，多稱之爲阿伯，其中只有三人叫叔叔（劉隆發：「阿隆叔」、曾新才：「阿才叔」、陳萬成：「萬成叔」），多爲二十世紀初前後出生，活躍於 1930 、 40 年代本地戲曲文化發展高峰歷史階段的人物：

王　進：苗栗通霄白沙屯人，偏名「海風」，專攻老生，擅長唱工與武打戲。

何秋同：苗栗客家人，人稱「鬍鬚同」、「何心堂」，專攻正旦，於日治時期組亂彈班「南華陞」，因日人「禁鼓樂」解散，戰後，於 1945 年復班至 1950 年代晚期停止活動，終至結束。

林啓明：人稱「打鼓明仔」、「土狗明」、「大狗明」，亂彈童伶出身，原攻武行，後爲後場樂師，司鼓。居豐原，爲亂彈班林金鳳（阿鳳）、林味香（阿香）之父。

陳萬成：「萬成叔」，苗栗後龍西社人，偏名「九歲」，爲十八海洋之中年齡最小者，專攻老生。王慶芳還未出師前，戲齣還沒有很多，比較深的戲，都由萬成叔指導。

鍾阿知：「蟟蚜伯」，苗栗後龍人。「豐吉祥」童伶班出身，擅長二花，兼長大花。以惡著稱，見人鬧事經常「聲音未到，刀先到」。對於「跳鍾馗」很內行。

劉久松：「久松伯」，亂彈童伶班出身，專攻二花。

18　根據林啓明次女林味香（亂彈藝人，工小旦、小生）的回憶，「十八海洋」除前述各人外，另應含蘇登旺（後龍人，工老生，鹿港班童伶出身）。訪林味香，2003.07.10。

劉金泉（1905-1957）：「阿泉伯」，苗栗苑裡閩南人，陳招妹「阿招嬷」夫。亂彈班後場頭手鼓，曾學外江頭手，歌仔、採茶也會打，以後有拜師學京戲。劉金泉歿後，妻陳招妹後組「新榮鳳」，於台南地區活躍一時。

劉隆發：「阿隆叔」，採茶底。「隆發興」團主。[19] 劉秀惠之父。王進拜把兄弟，「十八海洋」之一。

曾新才：「阿才叔」，人稱「阿才丑」， 作採茶。妻爲「金蘭仔」，有子曾城塗，也是採茶戲班演員。〔圖 3-4〕

圖 3-4 曾新才

圖 3-5 王 進 約 40 多歲時所攝。

鹿港伯：鹿港人，亂彈童伶班出身，老 生、大花、二花、雜花，雖然熟悉蠻多戲齣，戲也很能演，但「戲緣」不是很好。一生主要以搭班演出爲業，[20] 沒有整班。

宗仔伯：亂彈藝人，本名不詳（王鬃？），亂彈童伶出身，專攻公末。

林 裕：竹東人，拳師。曾爲「明興社」隨團保鏢。未學戲。

有相關調查另以爲，號稱「十八海洋」者，皆「豐吉祥」出身，從戲先生饒丰學藝，「鍾阿知、王進〔圖3-5〕、曾（阿）枝、馬玉花、劉賓添、傅貴香…共十八位師兄弟」[21] 但這個說法王慶芳並不能認同。就慶芳個人的記憶所及，「十八海洋」雖說有男有女，但，不僅不全是師兄弟，如林裕等一兩位，甚至於根本不是戲班行內的伶人。

---

19 1950年代「隆發興」登記的劇團負責人，爲劉隆發妻，劉黃秀英。見呂訴上，〈台灣歌仔戲史〉《台灣電影戲劇史》台北：銀華出版社。1961 。頁 281 。

20 王慶芳於「慶桂春陞」班學藝之際，「鹿港伯」時搭「福興陞」（「番仔田班」），曾北上來「慶桂春陞」助演。

21 邱昭文，《台灣戰後初期的亂彈班研究》，南華大學美學與藝術管理研究所碩士論文（未刊）。頁 163 。

確知爲王進同班師兄弟者，「十八海洋」其中之一的鍾阿知，與王進同庚，身形高頭大馬的他，直到十五歲才入戲班學戲，也是「豐吉祥」(「貓仔賓班」)童伶出身，早王進兩年入班學戲。在班期間，師從王來生。另，人稱「大甲仔明」的林啓明，台中四張犁人，與王、鍾同爲「豐吉祥」童伶出身，在班期間原學「武腳」(武行)，後來改學樂器，成爲頭手鼓樂師。曾於「福興陞」(鹿港)、「慶桂春」(竹南)、「樂天社」(草屯)等亂彈戲班擔任後場。其後，離開「樂天社」(茂己仔班)亂彈班，改以從道士「做事」後場爲業，不再待戲班。

換言之，人稱十八海洋其中一批戲班伶人，部分除了如林啓明，晚年以道壇後場爲業，其餘從戲班生活者，一輩子多半就在戲台上打滾。如鍾阿知即使到了八九十歲的高齡，仍以精湛、深厚的演技與藝術學養，展現技藝。另生前曾有經營戲班者，如何秋同、劉隆發[22]、劉金泉[23]。

不止王慶芳本人，其餘「十八海洋」等結拜兄弟後人，對於父執一輩的交情，多年之後印象仍然深刻，如林啓明之女林味香，回憶當年即曾提及：「慶芳仔他老爸也是，也是跟我爸算結拜的……還有以前在苗栗的田幢旦(按：何秋同)……也是跟我父親是兄弟。」[24]可知，這批「十八海洋」彼此生前的往來，當不僅止於泛泛之交。

(四)牽 手

王進娶妻潘清金(1907-1968)。住在埔里的潘清金，嫁王進之前只是埔里地方一個隨母務農的農家少女。有亂彈戲班來到村裡大廟前演戲。看戲，

22 劉隆發所組的「隆發興」，1950年代曾經盛極一時，因而也招募伶童學藝。這批童伶其中有所謂「隆發興五鼠」：鍾雪玉、劉秋蘭、馬水妹、江秋(？)英(後龍西社人)、阿梅(張玉梅，大湖人)，在劇界聞名一時。所謂「五鼠」意指演技刁鑽、反應機敏，因而聞名一時。

23 劉金泉與中壢人許光前合組「三義園」，登記以王撾爲劇團負責人。見徐亞湘，《桃園縣戲曲發展史》(未刊)。頁86。

24 訪林味香，2003.07.10。

這在地方上是平時難得一遇的娛樂，二十來歲的清金隨家人、朋友，來在戲臺下駐足。少女時代的清金一向喜歡看戲，總覺得台上的戲服十分好看。日後，她曾如是與子慶芳分享著自己當初看戲的心得。

慶芳自己不曾聽過養父母提及兩人當初認識的經過。只是曾聽伯母（陳招妹）約略提及。這次亂彈正棚連演多日，戲班裡有著一群青年演員，王進是其中一人。經同戲班裡的人介紹，認識交往後不久，兩人結婚。婚後清金離開埔里，隨丈夫王進進入戲班。戲班裡，人以「阿金」或「番仔金」稱之。25至晚年，另有人稱之為「大籠金」。

清金結婚後隨丈夫學習亂彈戲曲的演唱與表演。由於王進的淵源，也為了家庭多一份收入，清金才進入戲班、走上戲台，成為亂彈班界的演員。結婚後，在王進的教導、指點下，清金初學一齣《斬經堂》。由於未曾進過科班，表演以著重本嗓音色的老旦戲為主，如《釣金龜》、《斬經堂》…。

清金每次帶領養子慶芳祭拜祖先時，除了王家列祖，也同時提醒慶芳在祝禱時，要記得召請祖母潘碧戈返家受饗。根據潘清金生前對母親的追憶，潘碧戈娘家本是山裡的「番仔」，而且還是會出草砍人頭的那種。有一次社內出草與漢人發生衝突，潘碧戈躲在一樹洞之中，事後不敢回家，才嫁給一個在埔里看守隘線的隘勇為妾。碧戈婚後生養兩女，皆從自己的漢姓，分別取名為潘清金與潘清蕊〔圖 3-6〕。至于外祖父家族，由於有大房的後代傳承香火，即使是外祖父的姓名，慶芳也不曾從母親處聽聞。

圖 3-6 潘清金與潘清蕊姊妹

25 據劉美枝提供，訪林阿春田野記錄。

圖 3-7　潘清金與王慶芳

四、 生父與養父

未出祁山知此事，他的忠孝兩雙全。
俺今得了姜維將，軍中大事他承當。
《天水關》26

(一) 延 續

《天水關》劇中，年紀一把的諸葛孔明不願困守西川，再度兵出祁山，雖未能順利北伐恢復漢室，卻終得於天水關前收服魏國大將姜維，南返後並加以調教，使之成爲諸葛亮身歿後，蜀漢的杜國重臣。

因爲中日兩國戰爭的時局牽累，王進夫妻離開原本熟悉的亂彈班，入專演採茶、歌仔的「明興社」(內臺戲班)。原只圖有個謀生安身之處，不意卻在此爲王家收養得一子。

圖 4-1 江玉寶與王進兩家合影

26 《天水關》劇終前，諸葛亮（老生）〈西皮〉 唱段。

（二）遠 征

原本是京班演員的江玉寶與歌仔戲名旦黃菊妹，婚後在娘家姑丈的歌仔戲班待了一陣子之後，決定再到其他戲班嘗試機會。夫妻二人出班，之後來到莊相（本名莊陳相）所組的「明興社」駐團。此時的「明興社」遠征南北，在內台商業劇場界曾活躍一時。同時代《台南新報》於1936年一月曾有〈地方通信．朴子〉報導：

> 東石郡朴子街朴子。榮昌座者番□一般人士。希望舊曆元旦。晚間一般街況繁榮。自元日起二週間。特聘新竹明興社來演。該社一行男女七十餘名。俱皆一流名優。而開演藝題。日間「□嬌女俠□」夜間「朱元□走國」各本。連續具皆十分趣味。27

根據新聞報載登出的時間，與玉寶與菊妹入班的年代推估，這時江氏夫婦兩人應已是「明興社」的演員。

從這則報導之中，大致可以看到當時代在商業劇場中活躍的「明興社」，劇團的規模、演出的型態。這個七十餘人的表演團體，在全島巡演，需要各種可以在不同語言區域的戲院內演出的表演人才。此時來自中國，「隨團來台的演員有與台灣人通婚者，或通演結束後仍滯留在台者，他們應邀到地方戲班教戲，或到子弟團擔任教席，擴大京劇在台灣民間的流行」28，一批京班演員正有用武之地。有別於比較資深的留台京班藝人，十六七歲起，就跟本地劇團合作的江玉寶從一開始，就是以專職演員的身份，從事表演工作。

---

27 《台南新報》〈地方通信．朴子〉1936.01.24 第八版 第12233號。

28 邱坤良，《舊劇與新劇：日治時期台灣戲劇之研究（1895-1945）》，台北：自立晚報。1992。頁167。

（三）知 交

1937年之後，時局愈加緊張，統治者對於台灣本島的在來文化，隨之愈加箝制。在「非常時」的年代裡（1938-1945），島內各地在「禁鼓樂」的行政命令之下，以廟會外台爲主要演出場域，所謂「本島戲」或名「台灣劇」，如亂彈戲的演出，隨即紛紛停止。亂彈戲班一類專於廟宇慶典時，從事表演工作的團體與演員，至此頓時失去活動的空間。以演出「台灣劇」爲業的藝人生活一時無所依賴，相當數量的從業人員，只能轉業。王進夫婦在這波變局中，找到了一個內臺戲班—「明興社」搭班。在班中結識了玉寶、菊妹夫婦。

王慶芳的生父與養父兩家在戲班結識於1930年代。王潘與江黃兩對夫妻均是演員，雖說擅長的劇種並不相同，相仿的家庭際遇、人生閱歷與開闊的胸懷，讓兩家因而得以倍感親近。再者，江、王兩家同在一個戲班之中。慣演內臺戲的江玉寶與黃菊妹兩人，仍是班中的要角，剛從外台轉戰內台的「海風」，雖有待時間以適應「內台班」的表演文化，但完整的訓練、豐富的演出經驗，以及對亂彈戲曲豐富劇目的涉獵，仍舊讓他在班中受到倚重。特別是當時內台班對於「說戲」人才實際的需求。在「明興社」裡，王進除了演戲，開始嘗試「說戲」—爲戲班編排足以吸引觀眾的新戲。兩家人在演出的關係上，各有所長。

王進在外行事爲人，雖說以壞脾氣著稱，但同樣也因以惜友重情，得以交遊廣闊。與江玉寶同在「明興社」期間，兩人以兄弟論交，清金、菊妹兩人，同樣有如親姊妹。玉寶與菊妹夫婦婚後，下一代一胎接著一胎來到世間，1939年，當三男江慶芳誕生前，玉寶夫婦見王進夫婦一直沒能生育新一代，兩家夫妻在閒談間定下一約定：江家這一胎如若是生女，就過繼給王家。就算日後王家真的無法生育子嗣，有此一女，也可以爲女招婚，傳承王家香火。嬰兒出生後，是個男孩，王進夫婦不敢再提過繼之事。在生育了一子一女，以及兩個夭折的小孩之後，再添王慶芳，這是江家的第二個兒子。

三十幾歲的王進夫婦，經過王妻一次小產之後，一直苦無子嗣的消息，看著同班其他夫妻檔演員，陸續傳出懷孕喜訊的消息，心情因而更加焦急、期待。清金爲此刻意由台上的演員，轉進成爲負責票務的「顧口」人員。新的職務讓她平常的工作，可以不必過於繁重。

（四）生 養

身爲戲班演出的台柱演員，玉寶、菊妹夫妻大多數的時間與精力，都投注在舞台上的表演工作。除非不演戲的日子裡，內臺戲班日常的表演，每天固定有「日間」、「夜間」兩場。「日間」由下午二時起開始，表演至五或六時結束，「夜間」場，則由七時起，直到十二時凌晨，才能結束一天的演出活動。29若再加上之前的預備工作，以及下台後的清理、收拾等雜務，實在不能有太多的餘力可供照顧小孩。因此，不論在慶芳出生前後，江家子女大多數時間於日常生活裡的照顧，都有賴於清金主動的打理、照料，也因此，兩家人在寫眞館合照以爲留念時，慶芳姐江碧珍還會緊挨著王家伯母。〔圖 4-1〕

江慶芳三歲之際，突然變得體弱多病，玉寶、菊妹夫妻每每爲慶芳「難育飼」感到煩心不已。同一期間，開始有人暗示菊妹，是否因爲小孩沒給王進，才會這麼難養。之後，有人繼續提醒，菊妹在懷孕期間曾經許諾願將這一胎過繼王家，孩子出生後卻沒有依約而行，可能因此惹惱王家祖先，才病症不斷。雖說菊妹一生先後生了八個兒子，但江慶芳畢竟是自己第二個兒子，第三胎健康存活下來的下一代，若不是班中其他同事不斷提及，懷孕期間將家曾對王家提及的「嘴口願」，加上慶芳這陣子以來身體確實孱弱多病，究竟很難答應將愛子交託王家撫養。所幸，王進、清金夫妻倆一向對於玉寶子女倍加愛護、疼惜，兩家的情誼又一向深厚，菊妹才能放心將兒子慶芳過繼王家。也希望藉王進、清金的「福氣」，保住慶芳這個多病的稚子。

與養父三歲失怙的遭遇截然不同，三歲的慶芳在這一年，突然同時擁有了兩對父母，養父母王進、潘清金夫婦，親生父母江玉寶、黃菊妹夫婦。奇怪的是，慶芳過繼王家之後，身體果然逐漸強健。之後，慶芳仍與親生及養

29 參見范揚坤編，《傳統音樂戲曲圖像與文書資料專輯》，彰化：彰化縣文化局。2004。頁107-11。

父母同在戲班中生活，除了從姓江改成為姓王之外，一切生活如故，直到七歲那年後，才與親生父母分開居住。

當年，王進夫婦出班，玉寶夫婦則仍留「明興社」，慶芳的生父與養父兩家，從此分別在不同的劇種、不同的戲班中討生活。1945年，王進舉家離開「明興社」，進入「南華陞」（亂彈班）搭班。

（五）轉 折

八月，中日戰爭結束，「明興社」班主莊陳相於戰後的新時代下，仍繼續延續戰前的表演事業。據1946年八月二十八日起，至1947年三月十五日間，「台灣省行政長官公署宣傳委員會」經辦劇團成立登記，其中「甲種劇團核准登記既登記順序一覽表」，即有「明興社」與莊陳相的登記紀錄。[30]專於內臺戲院演出，如「明興社」一類的劇團又再開始活躍。

另 ·方面， ·度於「非常時」期間遭到禁演命令的外台戲，至1945年年中八月後，也同時得到恢復。各地專演外台民戲的劇團，紛紛重新成立。原本待在內台班「明興社」的王進，期待重新再於有著熙攘人群駐足的戲台上，表現自己原本擅長的亂彈戲。那時「十八海洋」之一，人稱「田幢旦」的何秋同正於苗栗街上重新起班，[31]在結拜兄弟的邀約下，王進一家進入「南華陞」。

何秋同在日治時期就已經營一亂彈戲班，原名即為「南華陞」，專門接演各地廟會演戲的邀約。因為殖民政府官方禁鼓樂命令，一切外台戲演出活動停止的緣故，沒有「作戲」的機會，各地專演亂彈戲的戲班陸續被迫停止營業。日本戰敗，地方神誕慶典恢復舉行，外台戲得以繼續表演活動，何秋同的戲班

30 轉引自呂訴上，〈台灣新劇發展史〉《台灣電影戲劇史》台北：銀華出版社。1961。頁338。

31 根據已故亂彈藝人林錦盛（1918-2004）生前的回憶（2002.08），日治時期結束後，苗栗地區最早起班的亂彈戲劇團組織，即為苗栗「南華陞」。於1945年八月底，「南華陞」已在苗栗街上接演地方為慶讚中元節的祭典演出邀約。據稱，當時的演出，戲服道具仍相當不足，部分臨時用一般的「漢衫」（長袍），經裝飾修改後替代。

即開始恢復營業演出。何秋同妻「阿送」雖沒學戲，但因擅長裁縫、刺繡，於此時期即協助何秋同共同整理演出服飾道具。32

王進進入結拜兄弟「田幢旦」（何秋堂）重新恢復的戲班—「南華陞」。原本與兩對父母同在「明興社」的戲班裡生活的慶芳，本年七歲。因爲王進夫婦離班，慶芳也隨同被帶出來，離開原班，同去待何秋堂的「南華陞」。王進攜子出班，固然有個人對於事業的想像，另一層想法更在於希望慶芳能與王家更加親近。對於三十幾歲才獲一子的王進而言，慶芳即使是養子，卻是畢生唯一的一子。爲了與慶芳朝夕相處，王進甚至於不願意讓慶芳去學校讀書。對於讓慶芳讀書識字一事，若有親朋勸說，王進的名言：「讀曲冊，就會曉識字！」絕不妥協。

在班中，大人們偶爾會鼓勵年幼的慶芳粉墨登場。王進意識到養子對於演戲的天分，決心出班，舉家轉入最近剛重新組班，且預備招收童伶學戲的「慶桂春陞」亂彈班。離開慶芳表演生涯起點，轉入第二站。

32 據王慶芳本人的回憶，「田幢伯」何秋同本人也同樣擅長於裁縫製作工藝。

圖 4-2　王進全家與結拜兄弟曾新才合影。

五、打　登　州

自幼生來膽氣高，瓦崗寨上孤為王。
杏紅旗上寫大字，混世魔王坐山崗。
《打登州》33

（一）拜 師

《打登州》是慶芳入「慶桂春陞」亂彈童伶班所學，由人稱「金龍丑」親授的第一齣戲。劇中，演的是隋唐之交亂世期間，瓦崗寨主程咬金率徐茂公、王伯當、單雄信等人遠征登州，解救結義兄弟秦瓊的傳奇故事。亂彈戲劇目中少數以三花為主角的武戲。

在瓦崗寨中帶領一班豪傑反隋，《打登州》劇中的程咬金世稱「混世魔王」，出身草莽，武藝、謀略皆不出眾，連大字都識不了幾個，卻是福將，憑著兩把板斧與機敏的反應，一路逢凶化吉。日後唐興，山西李家崛起代隋，一統天下，程咬金又為開國功臣。這個三花丑角色劇中行事機靈、處事圓融的性格，對於慶芳日後演藝事業，常有一定程度的啓發。

「自幼生來膽氣高」，看出養子的戲曲表演天分，王進心中盤算，科班的養成與磨練，才能真正造就出真正出色、獨當一面的演員，慶芳因此被送入鹽館前「慶桂春陞」的班裡學戲。畢竟，「金龍丑」早於「新聯陞」時代，已是相當有名的戲先生，經驗豐富。其次，為便於就近照顧養子，王進夫妻也特地離開原來的戲班，進入「慶桂春陞」搭班。

竹南人許吉主持的「慶桂春陞」亂彈班，一般通稱之為「慶桂春」或「新竹班」，戰後成班時間約於 1945 年晚季。起班時間稍晚於「南華陞」。據說這班名是從班主許吉妻子卓金貴的名字所得到的靈感。「慶桂春陞」前身「新聯陞」，為卓金貴與前夫於日治時期所組的亂彈戲班，曾在新竹州下活躍一時，旗下童伶班也曾培養出許多演員。

33　亂彈戲《打登州》程咬金上場所頌定場詩白。

圖 5-1　1951 年王慶芳十二、三歲時於新竹富隆埔所攝。所著戲服為彭學順製作，戲服上白鶴，為陳盡所繡。

但，「慶桂春陞」成班後所招收「囝仔班」學戲，只此一期，之後即未再招收新人學戲。直到 1960 年代初散班。慶芳入班，王進與許吉夫婦簽訂的「賝字」34，訂約入班學戲爲期三年，但，「慶桂春陞」應付王家「賝戲」的酬金，年幼的慶芳卻是渾然不知，日後也不曾追問。

34　爲學戲簽訂的契約，其中內容主要載明學戲合約期限，以及與戲班與戲童家長雙方的權利義務關係。

(二) 鹽 館

「慶桂春陞」成班後，名旦卓金貴與夫婿許吉二人，共同負責打理、經營「慶桂春陞」，對外則以許吉爲劇團代表人。這個專演亂彈的老資格戲班，於重新起班之初，即同時成立以成人演員爲主的「人班」，以及爲培養新演員的童伶班（「囝仔班」）。戲館設於竹南鹽館前，金貴自家一座大三合院內。班裡的演員平常即在此落腳居住。

「囝仔班」與「人班」，是亂彈戲班常見的兩種劇團經營組織類型，表演的成員與班主之間的合作關係也各有不同，如邱坤良所描述兩類劇團班底來源，其一「招集已有表演基礎的演員組班，談妥計酬方式，使擔任前場、後場」35，即爲所謂的「人班」。至於「囝仔班」，入班者的工作身份主要是學徒，俗稱「𤆬戲囝仔」。這些童伶入班在「囝仔班」學習一段時日之後，即須要隨劇團出門演戲。演戲所得的收入，全歸戲班班主。戲班負責人於每個「𤆬戲囝仔」入班之前，通常已支付一筆酬勞予其家屬，故而在學戲期間，除供應食宿外，以及一點零用錢外，不另支付酬勞。

與慶芳同期，共十二名𤆬戲囝仔中，男童有：林增傳、林增棋、36啞狗仔、阿祿仔、尖碎仔、阿扁仔、慶芳等七人，女童則有：阿碧、阿扣仔、扭丟仔、阿盞仔四人。另有一人學戲期限未滿即離班。𤆬戲期約三年爲限。其中以家住豐原的增傳年齡最長，入班當時大約爲十一、二歲的年紀，增棋約十來歲，居次；其餘各人多只在七、八歲左右。日後這批「𤆬戲囝仔」，除慶芳與增棋37兩人長年在行外，其餘大多未繼續從事表演，故而這一期「囝仔班」在班情況，外界所知不多。

---

35 邱坤良，《舊劇與新劇：日治時期台灣戲劇之研究（1895-1945）》，台北：自立晚報。1992。頁229。

36 林增傳、林增棋兩人爲兄弟，來自台中豐原。學戲期滿後，增傳改行從商，增棋則以演戲爲業。

37 林增棋出師後曾入採茶班，再轉搭歌仔戲班，晚年遷居宜蘭，後於當地因車禍身故。

（三）班 底

慶芳七歲入班、正式拜師，開始從許吉學亂彈戲，專攻三花。日常生活仍在養父母的視線範圍內活動。當時，王進把養子交給同行師兄弟許吉後，與清金夫婦二人同時加入「慶桂春陞」，成爲同一戲班之中的「人班」演員，參與該班的演出。慶芳則在「慶桂春陞」的「囝仔班」與其他小孩同科學戲。

王慶芳學戲時期，自「慶桂春陞」前身「新聯陞」童伶班出身演員之中多人，如：蔡和妹、杜生妹、王金鳳等人，此時皆又回東家老班，與王進夫婦同台。劇團雖說換了個名稱，但新班號「慶桂春陞」旗下，「人班」此時活躍情況仍不減當年。此時「慶桂春陞」「人班」裡的人才濟濟，來自各方，不侷限於「新聯陞」一班。同班演員之間，有曾經同儕學戲的師兄弟，也有出身於不同的童伶班、不同師承，到班裡才認識的同事。甚至於先後出現有多對的夫妻搭檔同班唱戲。就詳細的情況而言，於這時期搭駐「慶桂春陞」的「人班」演員班底可追溯、回憶者，大抵有：

正　旦：杜生妹（阿四妹）、貓仔秀[38]、蔡和妹。

小　旦：劉戌妹（阿術仔）、阿綿旦[39]、陳盡（陳招弟）、阿雲（外國夫人）[40]。

捧茶旦：林阿治（彩琴）。

老　旦：潘清金（番仔金）。

小　生：林清波[41]、王金鳳、吳丁財（金水）、吳水木。

老　生：王進（海風）、陳萬成（九歲）。

38　後轉搭「新全陞」。

39　乾旦，本名不詳。

40　王慶芳記憶所及僅知其人名、綽號，姓氏不詳。

41　王慶芳對於林清波的記憶，其人原工小生，在班中能兼演公末。

大　花：福全42、劉天生43、潘久松44。
二　花：彭學順（阿妹頭）、湯楊阿源（阿源仔）45。
三　花：許吉（金龍）、陳水柳（水柳仔）46。
公　末：宗仔47、曾□□（阿炎）48、阿蕊（磊？）49。

另後場樂師的部分，有：

頭手弦吹：陳進（跛腳歹仔）50。
下手弦吹：鄭本國。
頭 手 鼓：劉明春。
通　　鼓：阿財51。
銅　　鑼：林慶輝（屎肚輝）、余文三（跳溝仔）。52

這些演員在班內的演出工作，除了根據個人基本行當，作爲腳色分配與

---

42 王慶芳印象中「福全」可能姓林或姓陳，但不能肯定，只知以前是很出名的大花演員，很有派頭，輩分也高於王進等人。另據台北市役所昭和十年（1935）版《台北市商工人名錄》，所錄「映畫常設館、劇場、興行師」部分，有關台北地區的「興行師」（請戲人、藝人），「興行部」項下，有登記一林福全（居住地登記住址爲綠町1-11），不知是否爲同一人。台北市勸業課編纂《台北市商工人名錄》，台北：台北市役所。1936。頁244。

43 「福全」出班後，班中因缺少大花演員，才又另招聘劉天生入班。

44 能兼演二花、雜花。潘清金義弟。

45 「阿源仔」，西湖鄉三湖人。

46 「水柳仔」，竹南中港人，本名不詳。

47 「十八海洋」之一，「慶桂春陞」搭班期間又兼演二花，本名不詳。

48 苗栗嘉志閣人，王慶芳記憶所及僅知其人綽號，姓曾，本名不詳。

49 王慶芳口中的「阿蕊伯」，彰化鹿港人，本名不詳，擅長老旦、公末。

50 此人王慶芳只記得其人偏名，本名據邱昭文，《台灣戰後初期的亂彈班研究》，南華大學美學與藝術管理研究所碩士論文（未刊）。頁173。

51 新竹縣新豐鄉新庄仔當地人氏。

52 以上兩人皆出身後龍，前者爲東社人，後者爲後龍街人。余家爲後龍當地道士世家，並有多人曾爲當地共樂軒子弟，余文三父余堃麟擅長打鼓，與道士余神威之父余天送兩人爲兄弟。

演出專長分科之外，每一次的演出，又根據不同劇目的內容屬性與特色，同一行當下，可見再細分有文、武之別，而有更進一步的角色分工關係。如，小生行演員之中，王金鳳爲武小生、吳水木則負責文小生，以風月戲見長；老生行演員，王進職司武老生、陳萬成負責文老生相關戲齣。小旦行演員中：「阿綿旦」擅長細齣、風月戲；陳盡則常演《打桃園》之陶三春一類角色，以武戲見長。依此，即能因應不同劇目實際在舞台表現上的特色與需要。

「人班」演員彼此關係中，常見有夫妻檔情況。這時「慶桂春陞」的「人班」內，王進與潘清金、彭學順與陳盡、王金鳳與杜生妹、吳丁財與林阿治（彩琴）、劉天生與蔡和妹、劉明春（「打鼓明春」）與阿雲，多對夫妻同時入班。53

另由於「慶桂春陞」演員酬勞的支領採「開分制」，設有「大簿」一職專門記帳，負責戲班內部財務帳目管理，班中演員之一的林清波，在班中除演出工作外，因而又兼職司「大簿」。

（四）分 行

入班不久，慶芳這批「學戲囝仔」開始學戲，「戲先生」並依各人身形、音色等條件分配行當。其中林增傳、啞狗仔學大花，林增祺、阿祿仔學二花，王慶芳學三花，尖碎仔學老生，阿扁仔學公末；女童中，由阿碧學小生，阿扣仔、扭丟仔、阿盞仔三人則分學正旦、小旦、捧茶旦。

學戲期間，女童由正旦本工的卓金貴負責教唱戲曲。男生在唱念方面的訓練，則由許吉與馮添財（九指仔）兩人負責。此外，另又有馮添財、彭學順（阿妹頭）擔任「武先生」，教導訓練身段、刀槍、武功。對於戲曲唱念的練習，除由卓金貴、許吉與馮添財三名「戲先生」分別帶領童伶傳藝之外，更進一步的排練時，另會安排後場樂師加入，以作爲伴奏搭配。此時，固定協助教學的

53 亂彈戲班中當年習慣夫妻同班的情況，也會因爲兩人關係交惡，其中一人中途離班。如蔡和妹與劉天生兩人離異之後，和妹即單獨出班，另轉往其他戲班發展。

樂師，即為「人班」主要的後場樂師，陳進（跛腳歹仔）、陳鍋（鍋先）、明春等三人。慶芳的印象中，愛喝酒的「跛腳歹仔」陳進，來自豐原，班裡人也叫他「躼腳歹仔」。「鍋先」來自彰化，「打鼓明春」則是鹿港人。都是中部人。

師傅為童伶們所選「破筆齣」為《打登州》、《紫台山》兩本亂彈名齣，前齣適於日戲，後一齣適於夜戲表演。另作為扮仙酬神用途的「仙齣」，則學《大壽仙》一齣。這樣的規劃，顯然基於童伶班來日有機會首演，若離學時日太短，至少仍有一「棚」戲的分量足以應付。

以《打登州》當初的角色分配為例：羅州（小旦）：阿扣仔。羅成（小生）：阿碧。秦瓊（老生）：尖碎仔。徐茂公（公末）：阿扁仔。楊琳（大花）：啞狗仔。王伯當（二花）：阿祿仔。程咬金（三花）：王慶芳。另，《紫台山》54 的角色分配：尖碎仔學郡馬黃世清（老生）一角，阿盞仔學郡主（正旦），奸臣父子（大花）（三花）則由增傳仔與慶芳分學。其餘次要角色再交由其他人分擔。

與父母在同一戲班中起居，師傅們對待慶芳或許比較親善，但在訓練上，所有的「囝仔」則一視同仁，甚至更加嚴格。僅《紫台山》一齣，慶芳所學劇中周定妙（三花）：「可恨奸妃太橫行，要害郡馬命歸陰，急急忙忙高牆去，對著宮主說知情。…心頭惱，恨不得一掌掌爾身。」全齣唱詞，前後琢磨了一個多月，師傅才面露滿意的神色。學會之前，整段學唱期間，後腦杓已不知捱過多少「五斤枷」提醒。

學了好一陣子的戲文之後，王進的名言：「讀曲冊，就會曉識字！」還是不靈。師傅教曲雖由一字一句地帶領，但眼見「杏紅旗上寫大字」的「混世魔王」，離開戲文，不僅對於曲文文義一知半解，連自己所熟念強記的句詞，竟一個字也不認識。文字與唱念所說言語之間的關係，年幼的慶芳始終無從得以建立聯繫關係，仍舊一字不識。即使眼見慶芳仍舊處於文盲的狀

54 本劇又名《天啓圖》，又名《郡馬下油鍋》，屬於「三大戲」，老生、正旦、大花唱念、作工繁重，三花於劇情中段，亦有重要戲份。

態，養父母二人卻還是捨不得讓小孩離家讀書，同在「慶桂春陞」搭班，王進的結拜兄弟「宗仔伯」挺身而出，自願負起教導的責任。買了《三字經》、《大學》55 幾本蒙書，帶領慶芳從「人之初，性本善…」、從「子騰子，大學之師爲孔子…」學起，這才稍稍接觸到讀寫、識字的訓練。

（五）出 門

在這個時期裡，「慶桂春陞」的童伶還很少出門演戲。剛才學戲的囝仔，除非是「請戲主」特別指定，或者接到重要演出，需要在人數上壯大戲班聲勢，王慶芳這批正在學戲的小孩才會跟著大人們出門演戲。「囝仔都愛出去演戲。」「每次出去演戲都有零食可吃，有賞金可分。」慶芳如是回憶當年隨班出門演戲的心情。這個階段童伶所屬「囝仔班」與「人班」出門，在戲台上合作演出，仍少有獨當一面的機會，只是搭配、襯托成人演員。

隨著「人班」的大人出門演出，更重要的收穫還在於，從實際的演出機會中，實際觀摩到前輩傑出的唱工、演技，累積更多的表演閱歷與經驗。

如「人班」成員之中的蔡和妹與劉天生兩人，未正式入班前，稍早曾有來班支援演出過，當時年約八歲左右的慶芳，已有一些學習與演出經驗，故能注意到：「和妹姨」對於「幼戲」，如《思春》、《戲叔》、《玉堂春》等戲齣十分擅長。尤其蔡和妹與「馬蘭姨」（馬玉花）對手演出《戲叔》，小生與小旦兩人舞台上「對答」、「腳步手路」流暢的風格，以及風靡台下觀眾的情況。這類生旦戲，當時如吳水木與吳玉珠也曾聯手演出過《玉堂春》。但與《戲叔》以小旦賣弄風騷爲主的「嬈戲」特色稍有不同，《玉堂春》演出劇情突出的是王金龍（小生）如何勾引玉堂春（小旦）的「風流戲」。至今印象仍然深刻，「水木生」在戲臺上的作工、神態，特別是眼神流轉的巧目，慶芳以「豬哥目」形容。

---

55 爲一童蒙識字書，非四書之一的《大學》。

（六）清 鄉

戰後的台灣，一切的戲曲活動雖說都重新再恢復，但社會並不平靜，隱約一股不安的氣息，正在蔓延之中。入「慶桂春陞」學戲的第二年，1946年八月十一日中元節，台南新營發生警員因持槍制止外台演戲活動，與觀眾發生衝突事件。56 至1947年二月二十七日緝拿私煙誤傷民眾事件，「二八事件」隨之爆發，全島社會動盪連月，戲班不敢出門。至三月二十日，台灣省行政長官公署發佈「為實施清鄉告民眾書」隨後長達半年「清鄉」時期，禁止演戲。

「慶桂春陞」身處當時時空環境，雖同遭此衝擊，近大半年過著無戲可演的日子，但並未解散劇團。當時「囝仔班」部分，由於班主與戲童家長分別訂有契約，期限未到；「人班」部分，班內成員一時也無處可去，因而大多數演員仍選擇繼續在戲館的三合院裡住下，平常根據自己演戲以外的其他專長，就近找點零碎的工作，賺取生活費餬口。慶芳養父王進在這段時間裡，每天帶著一口修理工具箱，沿街在外為人補皮鞋或修理藤椅養活自己與妻。偶爾有些餘錢，則多買點菜，為一班學戲囝仔加菜，補充營養。

清鄉時期沒有戲的日子裡，一群童伶三餐起居由戲班負責，每天集中在班主許吉、卓金貴夫婦家中的三合院中練習。教戲時，先生帶著伴奏的樂師，一句一句地帶領學習，繼續學習新的戲齣。同住在戲館內，「人班」的大人則互相交換訊息，討論這段時間的不順遂可能還要多久才會結束。

（七）流 轉

1957年，五月二十八日，值新竹市中正台落成，「慶桂春陞」應邀於當地舉行開台紀念演出。57 當時王進一家已離開「慶桂春陞」，隨「老新興」班

56 見《台灣全記錄》，台北：錦繡出版社。1990。頁295。

57 見「新竹市中正台落成慶桂春登台開演紀念（46.5.28）」照。邱昭文，《台灣戰後初期的亂彈班研究》，南華大學美學與藝術管理研究所碩士論文（未刊）。頁98。

活動。原班內演員，也有多人離開，物換星移。此一階段「慶桂春陞」的演員，據邱昭文調查所得，可知前場演員有：許吉、林阿春、卓金貴、添財、張添富、柯天祥、吳英香、劉戍妹、吳丁財、曾德欽、荔枝仔、林阿治（彩琴）、梁來妹（阿撿仔）、國華、阿花仔；後場樂師部分：鍾傳貴、陳鍋、豬哥、阿財、楊德水。58與前一階段相較，除班主許吉夫婦外，此時搭班成員已有相當程度的變化，仍在班者，只有劉戍妹、吳丁財、林阿治、陳鍋等人。另，成員中的林阿春、張添富此時則是由「老新興」出班，改搭「慶桂春陞」。

（八）飛 箭

「瞨字」期滿，十歲隨父母離開「慶桂春陞」，入「南華陞」一小段時間後，隨即轉入張金俶「永吉祥」亂彈班，歷時半年。之後再入呂慶全（1891-1980）的「新全陞」。不論是「南華陞」、「永吉祥」，還是「新全陞」，在這幾個戲班都是慶芳累積舞台經驗、實力的預備性跳板，在表演生涯即將進入更成熟階段之前，更加完整而多元地接觸到亂彈戲曲表演生態及文化。甚至於去感受戲曲生態的微妙變化，以及劇界中人的臨機應變之道。飛箭離弓再不回頭。從此後，慶芳再不能只固守在瓦崗山寨。

兵進「登州」，初結束在「慶桂春陞」亂彈班的學藝階段，不滿十一歲的王慶芳隨著養父王進重返「田幢班」（南華陞）搭班。這裡不但是出師後最初的職業演出生涯，還曾經是慶芳七歲當年舞台演出生涯的起點。只是，這次從搭班到離班前後不過半年光陰，養父王進再次決定離開結拜兄弟的戲班他去。不同於前次出班，爲的是訓練、栽培養子慶芳的藝術表演能力，這次則十分單純，只因爲在結拜兄弟手下演戲，拘束太多，不能盡情任性。

離開苗栗「南華陞」，入張金俶「永吉祥」，王進一家來到台北。1949年。搭班半年後，轉入「新全陞」。

58 邱昭文，《台灣戰後初期的亂彈班研究》，南華大學美學與藝術管理研究所碩士論文（未刊）。頁97-8。

（九）北 上

「新全陞」班中，演員除呂慶全、呂葉（錦秀）59父女；甘連妹、甘玉川母子；楊金水、彭玉妹、彭繡靜一家；60王進、潘清金、王慶芳一家外，另有李金蘭（公末）、九指添財（小生）、潘玉嬌（小生）等人。呂慶全妻人稱阿葉，未學戲，在班中主要負責管理衣箱、收取戲金等工作。61呂慶全本人的班務工作，專打戲路，接待介紹戲約的班長，雇請貨車裝載戲籠、道具。當時，俗稱「慶全班」的「新全陞」固定活動的區域在台北，沒有固定合作的班長搭配。1950年前後當時期，台北地區區域內的亂彈戲戲路，主要分爲艋舺、台北兩部份，其中艋舺方面（南台北）活躍之亂彈戲班，以「永吉祥」班爲主；以牛埔、大稻埕爲區域的台北方面（北台北），主要多屬「新全陞」的戲路範圍。

於「新全陞」住班兩三年期間，班中除王慶芳擔任三花，另有資深的楊金水(目仔水)。兩人在戲班裡的分工，逢較需要身段、武功的戲齣即由王慶芳負責，文丑一類劇目則以楊金水爲主。其他遇到慶芳不熟悉的戲齣，三花一角仍多倚重楊金水。曾有少數機會遇到有請主點戲，劇目部分角色爲班中無人學過的劇目，三花部分，班主呂慶全即會要求年少的慶芳，如「自幼生來膽氣高」的瓦崗寨山大王程咬金，現學現賣。「新全陞」當年曾演出過《訪友》一齣，其中主要四個演員與角色分派，爲：人稱九指添財的馮添財飾梁山伯(小生)、甘連妹飾祝英台（正旦）、呂葉（錦秀）飾銀心（小旦）、王慶芳飾士九（三花）。這齣戲即由於請主點戲，但王、楊二人都不曾學過，爲應付演出，於是委由同班演員李金蘭出馬，臨時爲王慶芳惡補。經以一日不到的時間，學習、記誦、熟悉必要的身段，隨即上陣演出。過關。

59 由於呂慶全妻名也叫「阿葉」，故其養女呂葉乃於口語稱名上，改稱「錦秀」，行內一般人則稱之爲「大肚旦」或「大肚仔」。

60 楊金水、彭玉妹爲彭繡靜養父母，從養母姓氏。

61 文獻中，人稱「蜘蛛旦」的吳玉珠曾入「台北放送局」參與廣播節目演出，當時同節目中有一名爲「阿葉」者，不知是否爲慶全妻「阿葉」。

金蘭伯在班中對慶芳的影響，猶如之前學戲時期的師傅許吉。慶芳腹中的《訪友》、《櫻桃記》等三花小戲，皆源自李金蘭逐句逐段的指點。這位金蘭伯，平常除在戲班中演出，逢戲班淡季，長年另又有在台北地區指導北管子弟曲館。

（十）傳 仔

到轉入「新興陞」前一年，1950，「新全陞」在北部郊區鄉下如三重、景美等地，開始偶遇觀眾臨時要求改演歌仔戲的演出經驗。幾次逢夜戲階段，有觀眾建議廟方請戲的主事者，想看戲班歌仔戲戲齣，說是比較看得懂。一班亂彈演員沒人學過歌仔戲，卻須要應付、滿足觀眾的需求，因而只能憑著對歌仔戲曲調音樂的常識，借亂彈戲戲齣臨時予以改編。

感覺上，舊時的觀眾十分友善，一班只要有小生、小旦、三花兩三個角色會唱些歌仔調，戲班人就敢演歌仔戲。雖說「新全陞」當時的後場，從打鼓到拉弦整個樂隊對於歌仔戲音樂旋律都不太熟，但只要演員能照常搬演、唱歌仔，觀眾還是會捧場，稱讚很好看。「新全陞」就在這樣的情況下，憑著呂葉、慶芳兩個臨場學習力很強的年輕演員，以及擅長三花丑的楊金水，三人搭檔，再加上其他搭配的次要腳色臨場敷演。從熟悉的劇目情節改編，以時興的歌仔調加上通俗口語的台詞，隨機應變地演著半生不熟的歌仔戲。

「新全陞」亂彈班這時應付請主點歌仔戲所用戲齣，多借用亂彈戲「三小」[62]一類的劇目，少數機會有新編戲的情況，只在應唱曲處，全替換以歌仔、雜念等曲調演唱。改編自亂彈戲戲齣：《燒窯》、《對金錢》（又稱《王淮義拿錢買老爸》）、《金銀山》（又稱《李文龍賣布》）。之後，楊金水曾有提供改編自「傳仔」的戲齣《乞丐婆哭倒枉死城》一齣，也成爲「新全陞」遇請主要求改演歌仔的基本劇目之一。這齣改編以歌仔戲型態演出的《乞丐婆哭倒枉死城》，據王慶芳的回憶，其中劇情大致混雜《金玉奴》、《目連救母》、《孟姜女》等

62 以小生、小旦、三花爲主要角色的戲齣，即爲「三小」。

戲的情節，全部劇情需連續三晚上才能演完。劇中，乞丐婆靠著一雙「鐵草鞋」，入陰間救回被女婿欺負身亡的女兒。每次演出時，先由楊金水講戲提示，實際歌詞與對話由慶芳等演員在台上自行應變發揮，並自編求符合曲調旋律的分句句讀。場上主要演員三人之中，楊金水飾演乞丐婆，老旦（彩旦），王慶芳飾唐伯卿（小生），「大肚仔秀」呂葉飾段紅玉（苦旦）。

當年台北地方的歌仔戲班大部分都集中在大橋頭附近，有些戲班演員由於看過慶芳與「新全陞」演歌仔戲，偶爾也曾找他去「打破鑼」助演。其中如「老婆樹班」、「橋頭班」、「塗仔班」，都曾經去幫忙。這些歌仔戲班人當初都稱慶芳爲「囝仔小生」。其中，很會念四句聯的「塗仔班」老闆「阿塗」劉秋(樹？)塗，是最常找慶芳去演歌仔戲的伯樂之一。每次若打聽到慶芳的戲班剛好有空檔，「阿塗叔」就會調去他的班裡演歌仔戲。每逢出門「打破鑼」爲「阿塗叔」的歌仔班助演時，「阿塗叔」還會騎腳踏車載慶芳到戲台演戲。每個月約末會有兩三次。偶而，「阿塗叔」會教慶芳學唱另一些不同的歌仔調。這位也是內行演員出身的劉秋塗，每次總一身西裝筆挺的來到戲臺，演出前再換下掛好，改著戲衫。強調身爲演員，平常衣著要注重，不可隨便，才不會被觀眾看輕。

六、 困河東之龍虎鬥

戰鼓咚咚驚天地，三更三點月正明。
風雲會上龍虎鬥，山搖地動鬼神驚。
《困河東》63

(一) 爭 雄

「三更三點月正明」，「戰鼓咚咚驚天地」，爲在北部的亂彈戲曲表演市場領袖群雄，由多位於台北地區活躍的子弟與內行班資深演員集資合股，1951年，「新興陞」正式成班。「新興陞」成班後，找來東社演員劉文章、劉玉蘭〔圖6-1〕掌理班務，從各班挖角調集演員、樂師，經於大稻埕慈聖宮等地連續多日開台，宣傳性質的演出效果不凡，聲勢立時即與同活動區域範圍內早有基礎的「新全陞」並立。王進一家三人，於「新興陞」成班之初，即應劉玉蘭之邀，進入「新興陞」搭班。這年，王進四十六歲、潘清金四十五歲，王慶芳十三歲。

「新興陞」成班當年，所租的戲館位處牛埔，於今中山北路二段上一座磚造平房內。戲館房東爲林碧水，台中豐原的北管子弟出身，以泥水師傅爲業，北上謀生後，於牛埔當地購地蓋了一爿的屋舍，其中一部份即作爲出租之用。戲館址，原本租予「新全陞」，之後由於房東林碧水與台北子弟陳世珍、小海等人相熟，乃改租予「新興陞」。「新興陞」入住牛埔戲館後，「新全陞」戲館即遷移至大橋頭附近。此時台北亂彈戲曲表演市場，「永吉祥」活動勢力以在艋舺方面爲主，大稻埕方面，當時除了人稱「慶全班」或「新竹班」的「新全陞」外，原本沒有其他亂彈班，直到「新興陞」出現，正式挑戰「新全陞」。

那時節在北部的戲班發展，因爲常有人出面請戲，最初的市況還不錯。臺

---

63 《困河東》其中〈龍虎鬥〉齣，呼延壽亭〈反彩板〉接〈反二凡〉唱詞。

北觀眾比較敢拚氣魄「明天沒有米，今天還要去看戲，明天再賺就有了」。一年中僅在北投恩主宮（「行天宮」，關帝廟），就上演了幾十棚的神明戲酬神。

不同於「永吉祥」張金俶來自苗栗、「新全陞」呂慶全來自新竹，「新興陞」的股東有本地著名演員，有地方上重要的子弟先生，多與台北在地北管亂彈戲曲界有著深厚淵源。深刻的地緣關係，加上氣勢、手筆盛大的成班舉措，從大稻埕、大龍峒、士林，到北投、淡水…，「戰鼓咚咚」，所到之處無不烘傳一時。「新興陞」儼然可成一方霸業。

「新興陞」在台北大部分由股東「小海」、「世珍」、「紅捲毛」幾位股東憑著地緣關係，爲戲班領戲。在戲約正多之際，甚至影響到「新全陞」的戲路。原本屬於呂慶全戲路的範圍，戲約常被「小海」、「紅捲毛」等人搶先一步接走，成爲「新興陞」的活動範圍。

隨著這時各地的亂彈戲班陸續成班的時機，「新興陞」的成班，一時看似「戰鼓咚咚驚天地」，劇種的發展實際上卻已隱然暗藏危機，講究嚴謹而正統的亂彈戲，同時面對著不同劇種藝術以及社會環境多重挑戰，猶如《困河東》戲裡的趙匡胤，出京遠征之前不能洞察危機，渾然不覺即將受困河東。1950年代初期已陸續有亂彈戲班不敵社會民生經濟蕭條的現實，遭遇原本長年在內台商業劇場發展的劇種流出至廟會找尋活路，分蝕演出市場與觀眾。共同的基本因素，引發不同的現象，糾結出種種惡性循環，表演人才開始有青黃不接的徵兆。糾結而連串的問題，導致「新興陞」成班不久即須要調整體質以因應社會外在的挑戰。爲要直接面對存續的問題，導致「新興陞」易主，更名爲「老新興」。從原本專演酬神亂彈戲的「新興陞」，改成爲須能兼演亂彈與歌仔、採茶改良戲的「老新興」。

成班後的「新興陞」於經營一年之後，發現單憑台北地區爲演出活動區域，戲約收入實際上不足以維持一班人生活，加上班內多位演員的建議，劉文章、劉玉蘭決心南下拓展劇團活動空間。除接觸桃竹苗地區的廟會演出戲約之外，同時逐漸嘗試進入同區域內的商業劇場，藉由不同的嘗試以增加收入。這項決定對於長年以戲班爲家，班中大多數演員，如王進一家而言實在不成問題，但對於長年在台北生活，又兼有其他工作（如子弟館教師）的股東而言，不論就現實或心理層面，都是一項難題。

（二）對手

「新興陞」成班之初爲壯聲勢，曾經找過吳玉珠（小旦）、陳兩全（小生）等多位活躍於台北地區的亂彈名角支援演出。只要在重要的區域，如遇在大稻埕慈聖宮演戲，都會特別邀請這些大角色來演戲。其中，人稱「兩全生」的陳兩全，每次登台演出《黃鶴樓》等小生戲之時，王進總會特意領著慶芳在旁觀摩其人演技。至於出身「瑞興陞」的名旦「蜘蛛旦」吳玉珠，慶芳還曾有過多次與之同台的機緣。

本工三花的慶芳，在「新興陞」期間，多次與人稱「蜘蛛旦」的吳玉珠同台合演《烏龍院》，由慶芳飾演張三郎，「蜘蛛旦」飾演閻惜嬌。「新興陞」所演《烏龍院》，向由〈借茶〉一折演起，一直到〈活捉〉告一段落。然而，經歷一次的搭檔演出之後，再不敢與「蜘蛛仔姨」演《活捉》。當晚演出至〈活捉〉，閻惜嬌死後前來索張三郎命，同赴陰曹，舞台上一段「繞桌」，閻惜嬌化身爲厲鬼，臉上的鬼妝加上「蜘蛛旦」的演技、表情，當場震懾住同台演戲的慶芳。這晚的《烏龍院》的演出雖然順利、轟動，但初出江湖，年僅十四歲的少年慶芳卻爲此嚇出一場病，於演出後當夜連續高燒不退，此後再不敢與吳玉珠對手演出。每次演到〈活捉〉，總是改換同班的「玉仔明」林玉明替演王慶芳的角色。

另本班演員多位住在台北的亂彈戲演員，如「小海」(乾旦）、馮添財(「九指添財」，小生）、柯天祥（三花）等人。其中，股東之一，屬老輩的「小海旦」當時主要在士林軒活動，已很少演戲，除非「新興陞」重要演出，否則不輕易登台。人稱「軟武仔」、「軟武松」的柯天祥，於「新興陞」起班時入班，「老新興」時期仍住班一段時間，後轉回台北搭「永吉祥」，之後再搭「慶桂春陞」。會講古，班中不演戲的時間裡，常於台北大橋頭當地的說書場表演，以講《鋒劍春秋》、《七俠五義》、《粉妝樓》、《四杰村》等演義傳奇故事。王慶芳常去聽他說書表演。這段經驗日後成了他編戲、講戲的經驗基礎之一。人稱「九指添財」的馮添財，也是直到「老新興」進入內台後一陣子，因爲不適應內台演出，加上身體不適，才出班北返。

（三）頂 班

掌班的劉文章與劉玉蘭提議「新興陞」延伸、擴展演出活動區域，戲班經過一年的營運，發現收益成效不如當初所預期，班中原有股東雖然能夠理解文章、玉蘭兩人對於戲班經營的考慮，但生活、家庭畢竟都在台北，也不習慣在各地漂流的日子，經過相當時間的考慮，以及徵詢過文章夫婦意願之後，於1952年初，幾位原始股東決定退股，由劉家獨力接下。劉文章、劉玉蘭因而頂下「新興陞」，以獨資的方式經營戲班。

初接下戲班，劉文章即考慮更換班名，班中幾個人討論多次，從「正新興」、「新興社」、「興陞社」…，最後接受彭學順的建議，改名「老新興」。取義「老牌老字號的正亂彈班」，「新興陞原班人馬」。半年後，開始辦理變更團名證照的申請。這年1952年，年底參加第一屆台灣省北部地方戲劇比賽，劇團對外雖然已經更名為「老新興」，但牌照還沒正式通過，「地方戲劇協進會」方面所記錄參賽團體，仍記載為「新興陞」。[64]

一年後，正式更名為「老新興」的戲班，於1953年舉班南遷，將戲館遷回到苗栗，以後龍東社為全班再出發的起點。當時，同聚落中另有一亂彈班「再復興」，戲館就租在鍾保元（阿屘）[65]的家中。文章、玉蘭等多人，之前也參加過這個班。原為股東集資創團的「再復興」，不久後也成了個人獨資營運的劇團，班主劉賓添。

圖6-1　劉玉蘭（1953年前後，攝於新竹芎林）

64　見呂訴上〈台灣省地方戲劇協進會史〉《台灣電影戲劇史》台北：銀華出版社。1961。頁523。

65　後龍東社人，「再復興」前場團員，擅雜花。鍾夢冬之父。

（四）試 探

原本專演酬神亂彈戲的「新興陞」，改為兼演亂彈與歌仔、採茶改良戲的「老新興」後，除了延續原本酬神演出領域，〔圖6-2〕也向戲院伸出試探的步伐。〔圖6-3〕南下，為的是突破地域空間的限制，延伸演出區域的範圍。但亂彈班一向專演外台酬神戲的經營傳統，演出以講「官話」、唱亂彈的藝術形式，在1950年代的台灣，似乎正逐漸陷入一種困境。演出機會愈來愈少。

日治時期崛起於商業劇場的歌仔戲、採茶戲平易近人的演出風格，逐漸改變了地方上一般人對於戲曲欣賞的口味與態度。加上更新式的視聽娛樂—電影崛起、普及，以演唱歌仔、採茶為主的「內台新派歌劇」不能專只經營內台戲院演出，開始介入廟會演戲活動。對亂彈、四平這類，老派且專賴依附於廟會慶典的戲曲劇種而言，無疑得兩面應戰，一方面接受觀眾不同以往的要求，一方面承受加入歌仔班、採茶班加入爭取廟會演戲機會的競爭。

從十五歲起開始改演小生，也正是「老新興」開始「做戲台」闖蕩戲園之時。不久，慶芳即成了吸引觀眾的戲院票房台柱之一，也是全班之中最年輕的主角。為了便於宣傳，慶芳取了一個藝名「王劍芳」。之後，「風流小生王劍芳」在北部客家庄各地的戲院隨之崛起。有男小生的「老新興」，在當時各個劇團都是女小生為主的表演環境中異軍突起。這個藝名是「阿丈」彭學順66幫忙想的。

雖說以「風流小生」為號召，正統的亂彈科班，加上養父武老生藝業的背景，慶芳轉行入小生行當，本不由文生特色發展，而是在講究結合唱工與身段、武功的文武小生領域中增長經驗。甚至於「老新興」當時戲班重要特色，也在於武戲方面受到歡迎，作為班中最年輕的台柱演員，每逢演出，不論是哪一齣戲，慶芳負責的角色，常即是戲份最厚重的主角。

由於慶芳武小生的實力受到觀眾激賞，「老新興」每日於外台與內台間的日戲劇目，最常演的是《長坂坡》、《黃鶴樓》、《斬蛟龍》幾齣。回憶起年

---

66 王慶芳童年以來，即以「阿丈」（即「姨丈」之意）、「招弟姨」稱呼彭學順、陳盡夫妻。彭學順，新竹橫山鹿寮坑人，亂彈童伶出身。

輕時的演出生活，王慶芳每天都得演同樣戲齣，而且是戲份吃重的角色，每每感到演得辛苦而煩躁。有時還會臨場任性罷演。有一次演《斬蛟龍》，由王慶芳飾演小生，劇演至與王天化比武一場戲，慶芳還故意耍脾氣不上台。王進深知道慶芳的辛苦，總按耐著自己躁急的個性，從不曾發過脾氣。因爲一齣連演無數次的《狄青斬蛟龍》，劇中主要戲份在於劉天生所飾的王天化（大花）與狄青（王慶芳飾，小生）的武戲，狄青與八賢王（王進飾，老生）之間的文戲。慶芳自然得一直在戲台上，片刻不能得閑。

像「老新興」這種亂彈班開始到內台演出，主要的原因在於當時民間的外台戲市場既不比從前蓬勃，且競爭者眾，淡季與旺季之間的差別也更爲明顯。愈到後來，一般外台戲，甚至於一度萎縮到只有在農曆三月二十三、七月半、十月初九三個時間點的前後日間，才能眞算得上是「大日」，也才有比較多的戲約可演。在過長的淡季小月中，戲班必須找到恰當的方法，有效改善演出機會與收入減少的現況。當愈來愈多的表演團體加入廟會演出的表演市場，民間社會對於宗教慶典卻有其固定的歲時節令關係，不願受困於外台酬神演戲淡、旺季的限制，「老新興」一班演員開始嘗試在廟會演出活動的淡季，接觸可作爲演出地點的內台戲院，洽談售票演出合作的可能性。

在不同的戲院巡迴演出，只要能使觀眾感到新鮮、趣味，一旦口碑建立之後，就能帶來相應的票房收入。如何吸引觀眾變成爲戲班經營策略重要的根據。爲此，當「老新興」在內台發展期間，班內演員雖然多半學的是亂彈戲，爲了配合買票看戲的內台觀眾趣味，都要能夠唱歌仔調、採茶調，即使像王進、劉玉蘭、陳盡等資深的演員也不例外。透過說白話，唱歌仔調、採茶調音樂，平易近人的手法與內容，加上亂彈戲嚴謹的功架身段，亂彈班進到內台，與一般的歌仔班、採茶班的觀眾多少有些區別。因此在經營一段時間之後，「老新興」在各地逐漸建立起口碑。

1950年代「老新興」對於售票演出與廟會戲戲約，內外台營運分配關係，伴隨農曆歲時文化關係，正月初九到三月底各地媽祖戲演過，爲外台民戲活躍的月份。下接四、五、六連續三個月份，以戲院售票公演爲主，但在六月期間，因遇農穫收割季，不演日戲，只推夜戲。七月起至八月，從七月普渡戲開始，又是外台戲演出季節。九月，以戲台演出爲主的月份。十、十一月外臺收冬戲演出季節。

也是演員出身的劉文章那時已不再演戲，專心負責聯繫各地戲院安排演出檔期，同時平常固定合作的「班長」67，繼續保持外台民戲的演出機會。王慶芳印象中，當他十六歲那年，1954年的年尾，「老新興」內台經營情況已經相當活躍，一個戲院接著一個戲院的檔期幾乎不曾間斷。不同地方觀眾買票入場期望看到他們想看的戲，看到想看到的演員。因此，班中幾個重要台柱都必須守在戲院中，固定在每天連續的劇情中露臉。爲此，戲院演出檔期期中，有時或有接到一兩天外台戲，慶芳就沒有出去演，而是文章、玉蘭夫妻從外班調借人手來助演，依賴借調演員演出亂彈。當時這些演員，或有來自鹿港「福興陞」、台北「永吉祥」、「新全陞」，草屯「樂天社」等地，來源不一。

這年「老新興」以《三進士》於苗栗頭份新生戲院公演，參加台灣「全省戲劇比賽」中區初賽。未入複賽名單。

圖 6-2 「老新興」於桃園龍潭龍元宮演出扮仙戲。王慶芳扮演壽仙。

67 民間請戲主與戲班雙方之間的仲介者。「班長」每次爲戲班仲介演出，可由「戲金」酬勞中抽取一成作爲報酬，俗稱爲「草鞋錢」。

圖 6-3　「老新興」戲台時期王進與潘玉嬌同台演出。約攝於 1953 年時，於新竹芎林戲院。

（五）萍 飄

對於一戲班內的來人、走人，亂彈戲行內的規矩，每年固定分別於上半年、下半年兩次決定去留時機。亦即，每年以農曆六月二十四日西秦王爺聖誕，以及歲末農曆十二月十六日尾牙宴爲期限，主僱雙方正式確認接下來的動向。演員離班，戲班主除了挽留之外，不能拒絕。同樣的，班主不留人，演員也只能收拾行李離開，沒有遣散費。此一規矩與傳統，讓劇團的運作得以維持一定的穩定性，不至於臨時發生腳色不足的窘況。

自「新興陞」起班階段，原搭「慶桂春陞」人班的王進與潘清金、彭學順與陳盡、吳丁財與林阿治、劉天生與蔡和妹等演員入班以來，幾乎就是「老新興」固定的班底。除外還另有其他成員。這些團員，除部分如王進與彭學順兩家，多在戲班經營期間陸續入班，或出班。成員因而有所調整。

尤其「老新興」在台北時，原本演員班底，到戲班南下後，不少演員不能適應離班後，才又請湯楊阿源（楊阿源）、劉榮錦、李月愛夫妻〔圖 6-4〕，以及月愛之父李尖溪等人來班。至內台演出活躍時期，演員班底有：劉玉蘭、王進、王慶芳、楊阿源、彭學順（阿妹頭）、陳盡（招弟）、林慶雲、蘇添富、林阿春（小春）、吳水木、吳丁財（金水）、林阿治（彩琴）、吳□英（闊嘴英）、廖月娥（阿娥）68、劉天生、蔡和妹、「阿粧仔旦」69、「阿招旦」謝玉招（林慶雲岳母）、謝長坤（客人憨）70鍾照謝、劉玉進、李月愛、「阿雲」、林味香。

---

68 廖月娥亂彈童伶出身，與劉文章爲師兄妹。搭「老新興」期間演下手小生、三花、阿旦。離開「老新興」後與戴招文夫婦兩人帶女兒戴淑枝轉搭「再復興」，半年後，改搭四平班、採茶班，平日不演戲期間也去賣藥。

69 「阿粧仔旦」，女演員，學亂彈，在班中也能唱歌仔，比王慶芳年紀稍長，出身閩庄不會說客語，入班兩三年後，經相親後結婚，即出班息演。

70 亂彈童伶出身，來「老新興」前，曾駐「東和園」（四平班，藝人賴宜和之叔所組戲班）、「中明園」，以及林秋成所組「勝宜園」（改良採茶）。在「老新興」班中與王進兩人以師兄弟相稱，較王進年長。但不知其師承，王慶芳只知其早年與王進同班時，向王進師「海賊生」討教過戲齣。依此可知謝長坤應搭過「豐吉祥」人班。

圖 6-4　「老新興」班底演員夫妻檔，
李月愛（上）、劉榮錦（下）。

圖 6-5　「老新興」文場樂師左起：
李玉欽、周錦煌、周三寶。

文場樂師：□伯晨（博神）71、周錦煌、周三寶72、劉榮錦73、李玉欽74。〔圖6-5〕武場樂師先後有：陳鍋、「龜先」、劉明春75、邱文貴、林金連（滑溜伯）。布景燈光技師（電光手）：戴招文。76 票務：潘清金。

加上演員的家人、子女隨班學戲者，有劉完妹（劉玉蘭妹），以及劉金枝、劉美麗（劉玉蘭養女），戴淑枝（廖月娥女）77，陳秋蘭（王進養女）78 等人。〔圖6-6〕

---

71 彰化員林人，亂彈戲後場樂師，與妻吳□英，曾於南投竹山「雲樂軒」教子弟曲館。

72 亂彈樂師周錦煌子，彰化快官人，擅長文場，在「老新興」住班期間入伍服役，戲班再找來劉榮錦、伯晨先頂替其位置。退伍後再回「老新興」住班。後定居台中，以指導北管子弟館並經營餐廳西樂隊。

73 亂彈樂師鄭本國子，文武場樂器兼擅，娶妻李月愛亦爲亂彈戲伶人。其後曾長年在「新美園」搭班擔任後場頭手，現定居鹿港，以指導北管子弟館以及職業陣頭演出爲業。

74 伯晨先之徒，在「老新興」期間擔任文場下手，職司「六角絃」（月琴類彈撥樂器）。伯晨先回鄉養病之後，李即離班，之後曾搭苗栗「大中華歌劇團」（負責人張起超，河北人），在改良採茶班擔任後場。

75 劉明春，人稱「打鼓明春」，彰化員林人。入班擔任頭手鼓樂師，妻「阿雲」（客家人），班人暱稱「外國夫人」。

76 戴招文，舞台技術人員，未學戲，娶妻廖月娥，生女戴淑枝。隨戲班從業於戲台期間，主要負責舞台效果以及一般電器維修。原搭「老新興」，出班後轉搭「再復興」，主要工作爲搭戲台、布景，亦爲「電光手」（負責燈光特效）。後回故鄉南湖開雜貨店維生。

77 戴淑枝，改良戲演員，隨母搭「老新興」、「再復興」期間接觸亂彈戲、改良戲，之後轉搭中壢「大箍林」的四平班，後來嫁給張有財，再入其他劇團，夫婦兩人現「榮興客家採茶劇團」成員。戴淑枝入「老新興」學戲時間，劉玉蘭妹劉完妹已入班，早於劉金枝、李春蘭開始學戲之前。

78 陳秋蘭，偏名「あき」（秋），生父陳木生，兄陳忠信。王進收陳秋蘭爲養女（童養媳）只有一段時日，之後因與養父家不睦，學戲沒有天分，常遭王進責打，所以常逃跑。贖回生父家後即離班。

圖 6-6 「老新興」班演員子女隨班學戲者：
戴淑枝（左上）、劉金枝（左下）、
劉完妹（右上）、陳秋蘭（右下）。

這些新一代的成員中，均不曾如慶芳正式坐科學戲，當年在班中學戲最初只能靠家長或同班前輩指點，再依個人心得私下揣摩，直到稍晚「老新興」招人學戲之後，才有在班中正式拜師學藝的情況。戴淑枝（1940-）隨母廖月娥（阿娥）入班之際，「改良採茶」的演出形式已成爲「老新興」在外台戲演出重要的內容之一，除非遇到「打醮戲」，或少數幾個地方，一般酬神戲普遍都已是「日演亂彈、夜演採茶」的情況。因此如戴淑枝幾人，只在班中一段時日，又未正式拜師學戲的新人，對於亂彈戲多半不甚熟悉。

慶芳改演小生之後，班內三花演員即由前輩演員林阿春[79]負責。林阿春本爲「福興陞」(「番仔田班」) 班主，原同班演員有「瑞興陞」童伶時期的師兄弟朱阿順[80]等人，搭林阿春夫家鹿港「番仔田班」，與林阿春在同一戲臺上對藝。戲班解散後，朱阿順夫妻以及「福興陞」原班演員當時多另搭中部戲班，沒有來「老新興」搭班。只有林阿春於結束「福興陞」經營後，與張添富（大花）入「老新興」搭班。 這時的「老新興」，戲班正開始在外臺戲淡季之時，轉入內台尋求發展。年輕的慶芳由三花改演小生，來接替他原本演出位置的林阿春，卻是爲了能有比較充裕時間照顧年幼的子女林聰敏、林美津，由小生改演三花。這時，班內下手三花爲鍾照謝（阿富）、下手小生爲劉玉進。

兩三年後，林阿春出班，「老新興」又再找簡丁木入班。[81]簡丁木長子

79 林阿春，本名程阿春(1917-2004)，桃園龍潭人，台北「瑞興陞」第二期童伶班出身，原工小生，中年後轉行三花。於1952年因公公林金代過世，接下林家所組「福興陞」(演員證上記載登錄爲「福榮陞」)，之後因丈夫林火福過世，須獨力照顧子女以及戲班，不堪負荷，因而結束劇團，專心從事表演，晚年退休定居員林，至1990年代末期，仍與王金鳳、林錦盛、賴木松、邱火榮等資深北管亂彈藝人合作，灌錄多張亂彈戲曲唱片。

80 朱阿順，台北「瑞興陞」童伶出身，工大花，娶妻林金鳳（「十八海洋」林啓明之女，亂彈戲小生林味香姐），夫婦皆爲亂彈戲演員。

81 簡丁木，人稱「打貓仔」，台中大甲人，亂彈童伶班出身，專攻三花，戰前曾於內台歌仔班搭班演戲，並於期間娶妻林娥，婚後育五子一女，簡聖郎、林國忠、簡明揚、簡揚達、簡鳳銀、簡□龍。禁戲時期曾以調製、販賣「打貓膏」(中藥外用方劑) 營生，1945年後，先後於「再復興」、「老新興」兩亂彈班住班。

簡聖郎於初中畢業後，也隨父入「老新興」，初學後場伴奏，職司「打銅鑼」，其後轉學前場三花行當，娶妻吳文秀，「老新興」同班演員。

此時，慶芳生父母江玉寶與黃菊妹仍在「明興社」搭班，兩戲班都在內台發展，演戲時，若兩班所在戲院的距離比較近時，慶芳都會過去探望。十六七歲的慶芳此時認識了江玉寶在「明興社」結拜，唯一的同姓義妹，有空時會跑去找義姑與姑丈「大輝」玩。83江家於不久後另改搭「三義園」。藝人賴宜和即曾爲「三義園」重要的台柱之一，兼擅老生、大花。

圖 6-7 江玉寶義妹

圖 6-8 うめ（阿梅）

82 簡聖郎、吳文秀夫婦於「老新興」解散之後，繼續表演事業，先後曾於本地歌仔班、採茶班搭班。

83 江玉寶義妹江□□〔圖 6-7〕（本名已記不得），客家人，新竹芎林人。「大輝」（記不得本名，只知偏名），爲歌仔底演員之父，客家人，年輕時攻武生，後期搭採茶班後，什麼角色都演。夫妻生有一女うめ（阿梅）〔圖 6-8〕，亦爲採茶班演員。

（六）衝 撞

十八歲在新竹芎林的一家戲院裡，「老新興」貼演《孫龐演義》。檔期中途，慶芳卻隨王進夫婦離開「老新興」，回東社後不久，轉入「再復興」（或「新復興」東社班）。這是一次的意外。戲台後，王進與劉玉蘭一陣小小的爭執突起；台前，買了票的觀眾陸續進場等著看《孫龐演義》，看慶芳演孫臏。後台的表演者準備登場演出，慶芳自己上台前的工作已然準備妥當，怒氣沖沖的王進與劉玉蘭的爭吵卻是愈發地激烈，眼見在言語上佔不到上風，猛然回身，要兒子把臉上的彩妝擦洗掉，把頭上紮好的「都馬頭」84 卸掉，發起「十八海洋」脾氣，高聲喊喝「出班」。這年，1955 年。

眼看戲班正要開演，丈夫卻與人吵得不可開交，又鬧著要把一家人帶出班，深怕壞了戲班的聲譽，班中同事招弟、小春等人紛紛出面勸解，王進卻執意出班，一向好脾氣的潘清金也動了氣。冷眼看著王進一人獨自扛著所有的行李，叫車回家，清金與慶芳母子靜聲跟隨在後，行李幾次落了下來，清金就是不許慶芳幫忙撿拾，直要丈夫自己善後。當天跑了主角的戲齣後來如何收拾，王家三人無人知情，日後再回到班中，也無人提及。

突然離班，一家三人賦閒在家一個多月。當王進還在盤算著下一步之際，此時「再復興」的班主劉賓添突然登門，請王進父子入班演戲。連月來在妻兒面前失去的尊嚴，這才得以拾回。一家人另入「再復興」搭班演戲，當時「再復興」正在「頭屋戲院」演出，這一檔日戲推出的戲碼《目連救母》，夜戲演《孝子殺父》85 。當時《目連救母》劇情中共分有兩位小生角色，其中一位由林秀妹扮演，慶芳則負責二路小生的戲份。

此時班中與慶芳年紀相仿的年輕演員，有劉玉鶯、劉玉子（阿治）、劉己妹、陳菊英、陳溫鳳滿妹（阿柑）、鍾夢冬、陳蓮苔、阿足、寶珠等人。〔圖6-9〕這些年輕少女之中，寶珠為班中小生陳秀妹之前在歌仔戲班中所收的學生，

84 改良戲頭飾髮型，模仿自都馬戲，故名「都馬頭」。

85 「再復興」《孝子殺父》一齣，不久之後，在新竹縣竹東「文化戲院」公演時，遭遇當地警分局長出面以「孝子不可能殺父」為由，要求更改劇名。《孝子殺父》因而更名為《白紙告青天》，有時則稱之為《兄弟無情》。

之後又隨秀妹投入「再復興」搭班。其餘等人，則多半因為父母與「再復興」戲班之間的淵源，入班學戲，進而留在戲班擔任演員。86

圖 6-9　王慶芳搭「再復興」班時，同時期與其年紀相仿演員：左起劉玉子、劉己妹、鍾夢冬。

於「再復興」搭班半年多，待與劉玉蘭雙方誤會冰釋之後，王進一家重回「老新興」。之後，直到「老新興」解散，王家人才另再進入其他戲班。

初從「老新興」出班，養父王進曾考慮過是否搭「三義園」，與慶芳生父江玉寶同戲班。雙方接觸之際，慶芳反覆考慮，擔心王進脾氣不好，萬一在「三義園」與生父江玉寶衝突，對兩家的父母都不好。同時，王慶芳也擔心王進誤會王慶芳和生父家過於親近，會不高興。於是當王進提出轉搭「三義園」的建議時，慶芳不答應，之後才決定改搭「再復興」。

86　如劉己妹為班主劉賓添、傅桂香女，劉玉鶯為班中大花劉銘旺女，陳溫鳳滿妹為班中陳玉山（玉仔）子媳，鍾夢冬為班中雜花鍾保元女，陳菊英則為班中演員羅運妹及後場樂師陳炳豐之女。

（七）大 柱

除了劉文章與劉玉蘭之外，班中最資深且最死忠的成員，當屬潘清金與王進、陳盡與彭學順兩家無疑。而「老新興」前後十餘年的班史中，王進一家三口還曾經有半年多的時光不在班內，陳盡與彭學順夫妻兩人卻是自1951年入班之後，一直就在「老新興」班內，直待到戲班解散才他去。劉、彭兩家長時間在班中共事，最後還結成親家。彭家未學戲的兒子娶了劉家養女金枝。[87]戲班中人稱「招弟」與「阿妹頭」的兩夫妻，在「老新興」一演武旦，一演二花。

戲班中，人稱爲「招弟」、「招弟姨」的陳盡，是「老新興」最出名的旦角演員之一。其人，以「陳招弟」爲藝名，外界人稱「小苦旦」、「阿招旦」，與劉玉蘭兩人在班中分爲一武一文的旦行台柱。新竹東勢人（東勢里），閩南人，專攻亂彈戲小旦，也能演改良戲苦旦，身段做工俱佳。陳盡與來自竹東橫山鹿寮坑的彭學順兩人婚後，先後曾於竹南「慶桂春」、台北「新興陞」、新竹「老新興」、草屯「樂天社」[88]搭班。

於「老新興」搭班期間，彭學順一直是班中二花角色的不二人選，與丈夫同爲亂彈童伶班出身的陳盡原本即擅長於表演各類武戲劇目的小旦，因而在戲園排演改良戲時，所飾演苦旦也兼以著重武戲爲特色。慶芳開始爲「老新興」編排戲院戲齣時，曾在通霄白沙屯當地戲院排出《五猴大破美人樓》一劇，陳盡於劇中演出被小生拋棄，之後發瘋的女俠「飛甘鳳」，由於演技感人、逼眞，因而風靡整個通霄地區，「當地觀眾大家都追著她跑」。班內的台柱演員此時以陳盡、劉玉蘭與慶芳三人爲主。

「老新興」班中，一直維持著一些規矩，其中之一即作爲台柱的主角演員能有個人專屬的椅子。由於當時班內的台柱演員即陳盡、劉玉蘭與慶芳三人，因此只有三張主角專屬的椅子，而且在椅子上還特地有繡有主角的名字。這種作法算是表現一種特殊的待遇，演出前作爲演員化妝準備的座椅，兩位旦角這邊

---

87 彭學順、陳盡夫妻育有彭勝昌、彭碧霞一子一女，子女日後皆未從事戲曲表演。其子彭勝昌娶媳劉金枝（劉文章、劉玉蘭夫婦養女）。

88 又名「草屯班」、「茂己仔班」，班主李茂己，1950年代起班，1960年代中葉散班。

兩張座椅並置，慶芳那張則放在另外一邊小生的位置，到演出之間，配合主角進出場，由「走台」（撿場）人員負責，當小生出場，王慶芳那張椅子就拿出來台前給他坐，若另一邊小旦走台時，就會拿出繡有「陳招弟」或「劉玉蘭」名字的椅子供陳盡、劉玉蘭使用。這種作法，班中其他演員不能仿效，即使班主劉玉蘭的親妹妹劉完妹，在當時也沒有此一特殊待遇。

這組繡有「陳招弟」、「王劍芳」以及「劉玉蘭」三位演員名字的「椅套」、「椅墊」都是彭學順所設計的。另外，彭學順也會剪衣、做衣、剪版，王慶芳曾有幾件專屬的「服色」（戲服）都是彭學順親自設計，剪好版樣布面、裁剪、滾邊，再由陳盡幫忙繡製一些小花樣完成的。印象中，其中一套黑色武衣還花了很久的時間才完成。

彭學順所設計製作的演出服飾，特別是武衣、盔帽的製作，更可見手藝。當時這類戲服如果去專門製作戲服的店家訂作，樣式都很簡單、一般，滾花紋樣只裝飾在衣服的四週邊。但如果是彭學順自己規劃的戲服樣式，則能有不同的紋樣、圖式。剪好版樣布面，滾黑邊，陳招弟繡花。彭學順製作頭盔，除了帽式外，又用白鐵仔作的裝飾，之後才能算完成。這些手藝與巧思，都是彭學順自己到處觀摩學來的。慶芳始終十分佩服他的「阿丈」（彭學順）這方面的手藝，「知道要怎麼設計會比較好看」。

對於慶芳而言，從「慶桂春」學戲時期就已認識的「阿丈」與「招弟姨」兩人，有如親人，不僅只是班裡的前輩。慶芳在班內多少大小雜瑣事務，常有賴兩位長輩的照護。尤其「招弟姨」對於晚輩的照顧，多年時間的同班相處以來，雖然沒有正式認契，早已可以算是王慶芳乾媽。

似乎對於陳盡而言，包括慶芳在內，戲班裡的晚輩都猶如其子女，十分疼愛也很會照顧每一位年輕演員，不論這人是否與他同班。與「老新興」班內人員關係最爲密切的「再復興」，班內新生代特別是東社出身的人，如劉玉鶯、潘玉嬌、吳英香、鐘夢冬等人，當時無不常受到陳盡的照顧、指點。甚至於「新全陞」呂慶全的女兒「大肚仔秀」（呂葉）也認「招弟姨」當乾媽。呂慶全晚年退休，戲班的維持由呂葉一手操辦後，每每都會特意招請他們夫妻去「扑破鑼」助演。

因而，戲班界當時各方的人士都十分尊重他們兩夫妻，像王慶芳、劉玉鶯這批屬於晚輩的人，又有尊稱陳盡「阿母」，叫彭學順「阿丈」。〔圖6-10〕正由於陳盡一向疼惜小孩，直到慶芳長子王釗淵幼年時生病不舒服，經常都還會回頭找陳招弟幫忙照顧。

「老新興」結束後，夫妻出班轉搭草屯「樂天社」。陳盡與彭學順兩人晚後期的事業生活，於平常除了演戲外，常應邀爲業餘子弟館登台演戲負責「扮身」準備工作。兩人分工，由陳盡幫上場子弟勒頭、化妝，專攻二花並以描畫臉譜聞名的彭學順，則負責爲扮飾花臉的上場子弟「畫面」（畫臉譜）。彭學順夫婦手藝因而在子弟館圈內頗具聲望。直到兩人去世後，才換由媳婦劉金枝出馬，頂續彭學順夫妻兩人的這份工作。

另，陳盡之外，班內資深女旦另還有一人一「阿招仔」[89]，也是住班直到「老新興」結束。攻正旦，也能演小旦，但班有人就不需要她演小旦。曾搭「老新興」，入班時爲「老新興」下南部第二年，王慶芳十七歲時。直至王慶芳當兵後「阿招仔旦」仍未出班。很疼王慶芳。到「老新興」結束後，才回大湖。歲數與王進差不多（約差三四歲）。

圖 6-10 彭學順 、陳盡夫妻，戲班晚輩成員尊稱為「阿丈」、「阿娘」。

89 「阿招仔旦」，苗栗大湖人，與劉文章爲童伶班師兄弟。本名謝玉招，偏名「扣頭招仔」。王慶芳稱之爲「阿招姨」。生前與前夫育有兩三個小孩，以後從「永吉祥」張金俶作妾。因受到被張金俶夫妻虐待，離北返回苗栗，劉文章聽說她過得不好，請她來班演戲。

（八）春 蘭

圖 6-11　王慶芳夫妻結婚照

1960年年初，舊曆年底，戲班預先來在「三灣戲院」住下，準備下一階段的演出，這是一個好的檔期—「新正」，料想有不錯的票房。王家此時也正積極籌備著慶芳的婚禮。以為家在三灣的春蘭妹來班，只是學戲，沒想到當初春蘭娘家與清金夫婦事先早已商議：女兒出門學戲，早晚必嫁戲班中人，除非嫁給慶芳，否則不能放心。兩家因此在春蘭離家前訂下這件婚事，但並未向慶芳、春蘭二人明說。突來的喜訊，王慶芳沒有心理準備，也沒有抗拒，只覺得原本是兄妹的關係，卻不明所以地即將成為夫妻。

這檔在「三灣戲院」的演出，日戲掛出《薛剛鬧花燈》、夜戲則演《五鳳朝金龍》，從農曆十二月三十日，演到正月初八日。正月，「初九天公生」，適逢民戲演出的大日，「老新興」之前已接定一酬神演出的戲約，原本應演到九日，十天一個檔次的戲院公演，這次提早下檔。以前客家人平常沒有特殊娛樂，也不時興賭博，每逢過年最重要的娛樂，就是喜歡到戲院看戲班演戲。戲班於除夕夜開始演戲，一連到初三幾晚，幾乎每天都有「大滿台」絕佳的票房成績。

春蘭，十六歲隨「清金姑」與「姑丈」來到戲班，十七歲在「老新興」班裡學戲期間與時年二十歲的慶芳完成終身大事。〔圖6-11〕農曆十二月二十八日，慶芳娶清金義母之孫，李春蘭，結婚之時，慶芳生父母家族也趕來祝福。宴客，辦了五、六桌酒席，宴請生父、生母、兄姊，還有家族在內山的一些親戚，及戲班朋友。很早就為慶芳的婚事操心，早在春蘭來班學戲前，王進、清金夫妻已曾領養過一個童養媳。要不是被王進打跑，慶芳的婚期可能會更早。王家期待著新的一代趕緊開枝散葉。

王妻李春蘭，父李阿郎，母巫森妹，三灣鄉銅鏡村（銅鑼圈）人。戲班中相熟同行平常皆以「みつこ」（美津子）暱稱春蘭。李家與王家的淵源，始於演員與「戲箱」關係。春蘭的祖母好看戲，早先戲班於三灣演出時，認識潘清金，進而收爲義女。1957年，爲了學戲，十六歲的春蘭於年底來到「老新興」，逢「老新興」全班以《大保國》參加台灣「全省戲劇比賽」北區新竹縣初賽。在還沒正式拜師的情況下，也在比賽當時，臨時學了一個簡單角色—兵部尚書楊波之女，跟著上台初試啼聲。

春蘭十六歲年尾入班開始隨戲班生活時，已正式拜過王爺，但還未拜師。1958年的年初，春蘭十七歲時，適名旦「闊嘴英」夫婦前來搭班，老新興此時又收了吳月妹90、楊久榮、劉完妹91、劉金枝92、鍾鳳蓮93、阿英（牛車孋、陳居順夫婦之孫）〔圖6-12〕、阿燈（李□燈）、馬水妹94一批女童入班學戲，準備開始訓練新成員。春蘭這才與吳月妹等人正式拜師、開始學戲。95為了春蘭的藝業，王進私人又另外包了一包紅包送給先生（六十六元）以表示心意。春蘭、月妹等人在「老新興」學戲期間，除劉完妹一人師從陳盡學藝，專攻武旦。96其餘各人皆由「闊嘴英」負責教授。除了演員部份的收入，老闆也另外算薪水給「闊嘴英」夫婦作爲束脩。直到1960年年中，因「伯晨先」病體日漸沈重，「闊嘴英」夫妻只得離班，回鄉休養。

圖6-12 阿英

90 吳月妹（1937-），班主劉玉蘭與吳姓前夫所生之女。
91 班主劉玉蘭幼妹，「老新興」結束後後轉入採茶戲班發展，曾自組過戲班。
92 班主劉文章、劉玉蘭養女，生父爲潘玉嬌兄潘細木，本在國民學校唸書後中輟入戲班學戲，之後嫁給陳盡、彭學舜夫妻之子彭勝昌（沒學戲）。
93 後龍東社人，班主劉文章之外甥女，稱呼劉文章爲舅舅。
94 後龍東社人。劉文章之外甥女，妹婿馬傑之女。
95 「老新興」收女童學戲肇因於原班內演員「阿粧仔旦」於結婚後出班，致使班中缺少比較年輕的旦角，爲配合班內演出需要，文章夫婦決定自行培養人才。故而這批學員均爲女性，所學並集中以養成旦行角色爲目標。
96 劉完妹來「老新興」時間較同期學戲其他人稍早，於入班初，即隨陳盡學藝，故與其他人師承對象不同。

班內年輕一輩除慶芳與春蘭在班中完成婚姻大事，長慶芳幾歲，「老新興」後場頭手絃文場樂師周三寶，當兵回來後，也娶了「老新興」的綁戲囝仔楊久榮（「阿久」）。但，三寶夫婦婚後不久即離班，在台中買了房子，定居中部。周三寶，彰化快官人。六十歲歿。娶妻回中部後，早上教子弟，晚上到台中歌廳吹薩克斯風，組西樂隊，往歌廳發展。楊久榮（「阿久」），與三寶結爲夫妻前，學小旦，學亂彈沒假聲，唱不上去，在「老新興」期間，只能專演採茶，但是扮相很漂亮人又文靜，三寶退伍回班後才認識久榮。

（九）得 子

作爲當時代少見年輕的男性小生，一個十五、六歲的小生在戲台上與三、四十歲的小旦對戲，是慶芳演出初與劉玉蘭、陳盡搭檔時的寫照。亂彈戲表演人才當時已經出現青黃不接的現象。尤其優秀的大花演員，又是這個階段最早感到欠缺的人力環節。97班內的大花演員劉天生在班當時期間，雖常由於身體情況不理想需要調養，幾度來去，但只要他身體許可，即隨時被找回參加演出。

稍早，1959年八月七日的「八七水災」，不僅重創了台灣，也傷損職業戲班的活路。當時「老新興」正在大甲街以南外埔庄98的「外埔戲院」中公演，突然遭逢天災。全班幾十人被困在猶如孤島的戲院內，動彈不得。這個檔期，「老新興」不但失去觀眾、票房、收入，連日常的食物、飲水也幾乎斷絕。水災後，戲班在各地的演出票房慘落，大不如前。這點，平常負責票口票務的清金比任何人都要清楚。

1960年年初，春蘭十八歲，慶芳二十一歲當年舊曆十二月二十八日結婚後，「老新興」班中的王氏家族至此正式又新添一成員。一家四人在「老新興」班中繼續以演出爲生的日常生活中，一邊期待著新生代的來臨。在慶芳婚後到還沒去當兵前的時光中，懷孕四個月的春蘭一次小產，流掉了一個小孩，這件

97 亂彈戲的大花演員，表演時不但強調作工、身段，唱腔的表現，還須要具備有所謂「司公喉」的天賦，以寬廣、渾厚的音域，演唱旋律唱段屬高亢、跌宕的「老生韻」。

98 外埔，位於台中縣大甲街西南方外埔鄉，沿132縣道途間。

事讓清金心中對眼下王家的家運感到有些許的不安。年中，戲班進入「普渡戲」旺季，慶芳妻子李春蘭再懷身孕，稍前的陰霾正要廓清，慶芳卻收到一紙「召集令」，得暫離「老新興」，入營服役。農曆9月，此時「老新興」的演出業務已然相當不順遂，愈來愈少有戲院願意提供場地，讓戲班於其中進行售票演出活動。以往常出面洽談「 戲」的戲主，也逐漸失去蹤影。

戲班連續一陣子生意清淡後，此時才遇到外台民戲旺季，王家最重要的經濟支柱卻無法幫忙賺錢，留下父母妻子仍然跟著「老新興」的戲班走。農曆12月初，服役受訓結束。慶芳自入伍以來第一次返家探視家人，適「老新興」正於西湖鄉的「三湖戲院」公演。這次的演出大約已是「老新興」內台售票性質演出，最後有限的檔次之一。

慶芳去到金門當兵後，長子才出生。在金門當兵，填過民間專長表格，連隊班長不放人，進不了藝工隊，只得隨著老兵四處清理稍前砲戰留下的彈殼與彈坑。1961年農曆九月，王進寄來親筆家書，信中附上一張長子「作四個月」[99]紀念照，信紙內容寫著近日家況。文中一段關於「老新興」終於停止內台演出的消息。慶芳一方面感到自己肩上家計的擔子更加沈重，另一方面看著「嬰孩似乎缺了一隻手的照片」，整夜痛哭難眠。日後才知道長子釗淵的手正常無損，只是當初拍攝過程中，活潑地揮舞了一下，才造成照片局部失焦模糊。「缺手的嬰兒照」從此成爲家庭笑談之一。〔圖6-13〕

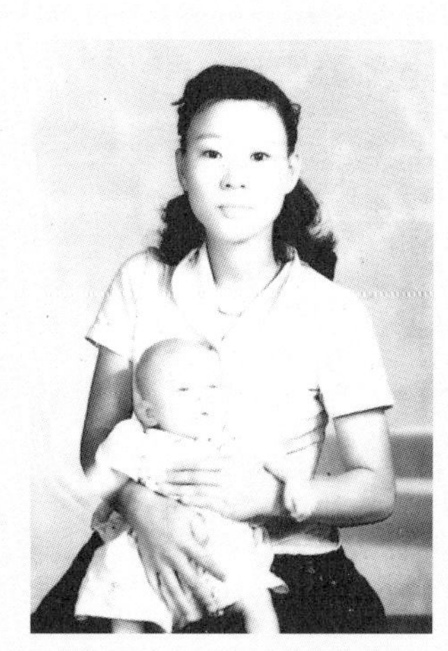

圖6-13　春蘭與長子釗淵

但在當時，眼見在台灣的家人守著一個日漸無戲可演的戲班，「國用大臣，家用長子」，即使服役僅有的薪餉，慶芳也拚命地積攢，煙捨不得抽，還賣給同袍，也養一些雞，拿生的雞蛋去賣，所得一切儲蓄存下，寄了四千多元回

99　即民間生命禮俗中之「收涎禮」。參見片岡巖，《台灣風俗志》，台北：台灣日日新報社。1921。頁8-9。

台灣，作爲春蘭持家養育小孩之用。軍中部隊長表揚「王慶芳戰士勤儉建國」，情操可嘉。

二十四歲退伍回台，再回「老新興」，舊曆十一月，正逢新竹內灣「打大醮」，全境「封山禁水」齋戒祈福多日，「老新興」領到主壇正棚的戲約，連演五、六天的亂彈本戲。只能以男性演員上台的「清醮」演戲，慶芳回班正好負責「阿賴旦」[100]角色。此時除養母清金需要在家照顧孫子，已不再出門演戲，養父與妻仍在班內。只是，這時期的「老新興」不僅停止內台戲院的巡演，連外台戲的經營也大不如前，倍感吃力。

（十）擊 掌

「老新興」班中，班主之一的劉玉蘭雖然也負責班務，卻仍是演出時旦行方面的主要演員，清麗的扮相廣受觀眾歡迎。從少女時期即以偏名「大肥蘭」聞名的劉玉蘭，年輕時體格微胖，故而行內熟識者皆稱之爲「大肥蘭」，不稱呼其本名，因之此後包括後輩如慶芳等人也習慣私下如是稱呼其人。由於需要兼領班內的演出事務，當時戲班對外的演出經紀與聯絡等「外交」[101]工作，都是由劉文章負責。

與陳盡兩人一文一武，劉玉蘭每當「老新興」不論在內台或外台演出，每以細膩的唱腔以及姣好的扮相風靡觀眾，陳盡則以唱工以及性格強烈的演技號、激烈的武戲打鬥吸引觀眾。從而又再搭配其他眾多年輕的女演員，形成「老新興」旦行戲的特色。但此一特質，每遇到地方爲舉行特殊宗教慶典—建醮的演戲，即施展不開。逢「打醮戲」，演員的調度與男女合班時的情況並不相同，廟方爲求清淨祭壇，戲臺上演出演員必須全爲男性，但在戲臺上，所演劇目的劇情內容、人物，同樣得有男女不同的角色。此時最令戲班煩惱之處，在

100 「乾旦」一詞之客家語說法，指戲劇演出時，專以男性扮演旦行腳色。閩南語的說法則爲「查埔旦」。

101 如「老新興」這類從事戲院售票演出的「戲園班」行政職務之一的職稱，主要負責管理帳目、爭取演出機會、與戲院洽談合作契約，以及演出前海報製作、彩街遊行等宣傳工作。見蘇秀婷《台灣客家採茶戲之研究》，國立成功大學藝術研究所碩士論文。1999。頁74。

找出合適的「阿賴旦」。「阿賴旦」，由男性扮飾女性角色。當亂彈戲還是全由男性演員組成戲班的時代，這種情況本是正常的現象。直到日治時期中葉，童伶班開始招收女童後，女性演員在愈來愈多的戲班中逐漸成爲基本成員。「阿賴旦」卻日益希罕。班內此時少數的「阿賴旦」如李尖溪102與「阿妹旦」如「荔枝旦」等人，此時年齡已屬稍長，扮相不易吸引觀眾的老演員。

學戲從三花開始，在「老新興」正式轉小生。期間，在「新全陞」時，先已有過轉換行當初步嘗試。這次臨時又接受挑戰，再試旦行。慶芳的「阿賴旦」，除了有賴「小生添財」傾囊相授，還根據自己一直以來扮飾各種三花、小生角色與旦角對戲的經驗、印象。

慶芳「新興陞」時期，第一次遇建醮演戲，班中即缺年輕且足以號召觀眾的「阿賴旦」。班中前輩此時看中才十四歲餘，相貌清秀的慶芳兼演「阿賴旦」的可能性。建醮演戲例由亂彈班居主壇戲台（正棚），連續有多日的演出。其中一天排出《擊掌》，劇中戲份最重主角爲王寶釧（正旦）與薛平貴（老生）。慶芳臨時隨馮添財唸了兩天的戲文，準備上陣。班中老生角色，固定都是派由王進擔任，初次演出女性角色，慶芳心中沒有十足的把握，不敢與養父對戲。學《擊掌》一齣的兩三天之中，私下請託了添財叔同台襄助。演出當天，慶芳演王寶釧，薛平貴則由原本擅長小生的馮添財飾演。演出一切順利，慶芳信心大增。從此，每逢有派出「阿賴旦」的需要，「王慶芳」成了第一人選。「老新興」結束後，直到最近幾年，桃竹苗客家採茶班，每逢接到「打醮戲」的「正棚」，就會想到慶芳「阿賴旦」的專長。

（十一）對 台

慶芳十五歲之際，1952年，隨「老新興」於桃園竹圍的王公廟演出多日，

102 李尖溪，人稱「溪河旦」、「溪河」、「阿溪」，女李月愛，婿劉榮錦，一家曾同搭「老新興」。後於王慶芳當兵前因病出班。

連日與四平「冉順班」(「小榮鳳」) 103對台，期間結識班主陳冉順獨子陳玉平，進而結拜，兩人因此成了一輩子的義兄弟。回憶當年：兩班因多日對台，觀眾互有增減，玉平為此來在戲台下，觀摩慶芳演出，覺得他很會演戲，並於演出後到後台攀談相約，兩人因此結識。進而結拜。時年陳玉平正當十七歲。以田都元帥（老爺）為祖師的「小榮鳳」，戰後也常接到外臺戲演出的邀約。在外臺戲的演出過程中，同樣常有機會遭遇對台的競技。陳玉珠、陳玉平姊弟二人，此時正是班中的支柱，經常擔任吃重的腳色。

由陳玉平之父陳冉順所組「小榮鳳」（四平班）〔圖6-14〕，104 源自戰前即聞名一時的同名老班。早於1916年《台灣日日新報》〈基隆新開戲館〉即有相關報導：「〔…〕基隆戲館。於客臘落成。諸股東醵資為基本。以林為代表。聘中壢新劇小榮鳳班到基開演十餘日。班中角色頗佳。齣目亦甚多。聞為上海老戲師教成。然純為男角。不能博觀客十分興味。聞為維持永久計。將聘桃園及他處女角數名。到基合演〔…〕」。105 1926年，七月底小榮鳳與新竹聯和京班對台盛況，又登載於隔月初《台灣日日新報》〈竹蓮寺演戲 優伶比武〉：「新竹街南門竹蓮寺。自古曆六月十九日觀音誕以來連日開演新竹聯和京班。及中壢庄小榮鳳兩菊部。當於寺前登臺□技之際。雙方比試曲藝。去廿八日兩菊部相約以夜繼晝。不食晚餐。大演登杉曰轉或穿入火環或弄白刃。聞□方俱受値東爐主贈以多數金牌。而是夜自竹東新竹北埔寶山各庄。到竹觀演者。有三千餘人之多云。」106

王公廟演出當時，「冉順班」（小榮鳳）應聘為「副棚」，以「老新興」的亂彈戲為正棚。「老新興」派出小生「王劍芳」（慶芳）為號召，由於年輕、

103 陳冉順之「小榮鳳」班，原係承接日治時期王景永之「小榮鳳」四平班，初成立於1946年，與王年枕（王景永孫）、陳炳生、莊榮利、謝聯昌、陳井和、鄧定立、陳阿壽、廖阿財合股，至1948年起，才由陳冉順獨資經營。參見徐亞湘，《桃園縣戲曲發展史》。2002（未刊）。頁4-5。

104 呂訴上於〈台灣新劇發展史〉，所錄「台灣省行政長官公署宣傳委員會」經辦劇團成立登記，其中「甲種劇團核准登記既登記順序一覽表」，誤植為「小栄鳳（陳再順）」。呂訴上，〈台灣新劇發展史〉《台灣電影戲劇史》台北：銀華出版社。1961。頁339。

105 《台灣日日新報》，1916年1月17日，第四版，第5587號。

106 《台灣日日新報》，1926年8月4日，第四版，第9430號。

扮像漂亮，生、旦兼能演出，很多戲迷趕來捧場。「小榮鳳」當時的演出，主要還是四平戲，且不在主戲台，觀眾看來大部分都是五六十歲的長者，人數也沒有「正棚」這邊來得多。「老新興」佔地利、演員優勢，觀眾的年齡層比較廣，男生、女生、大人、小孩都有。慶芳「老新興」這邊連日排出大戲齣，演《黃鶴樓》、《長坂坡》、《狄青斬蛟龍》，晚上演《天蓋山》、《黃金台》、《紫台山》、《玉麒麟》(《金沙灘》)，武打熱鬧。又因為那時亂彈戲演出，演員開始嘗試從說「官話」改說「白話」[107]，加上「老新興」已入戲院劇場從事售票模式的商業演出好一陣子，在「戲園」中，大家都會講白話。陳冉順「小榮鳳」班當年則仍以官話為主，班中成員有：陳玉平、陳玉珠、林黃石妹（阿銀仔）、邱連妹（1925-）、李進興。[108]

此次結拜十分正式，慶芳二人不但分別向雙方家長說明，徵求同意，隨後，陳、王兩家並專程為雙方獨子結拜，籌辦正式儀式。儀式當時，陳家先準備好牲禮，雙方商量在「王宮廟」前結拜，王進也開始辦牲禮。兩家各備一副「五牲」。那時有一議員（名不詳）喜歡看王慶芳演戲，演出期間每天下午都要坐在戲台棚下看戲，聽說兩個青年演員要在王爺面前當天結拜，很是高興，自願擔任見證人。早上扮仙過後，雙方戲班同仁都來參加。當時兩人結拜儀式，除了祭告神明、有見證人，還有歃血儀式。歃血，以刀割手臂腕，刀刃見血後，將血滴在酒碗裡混著酒，兩人分飲。結拜儀式後，雙方所備辦牲禮就作為筵菜，分請在場者，如廟公、雙方的戲班演員。

圖 6-14　「小榮鳳」班 1950 年代劇照。左起劉隆發、羅進榮、陳玉珠、陳玉平。

107　所謂「白話」，係指演員於舞台上所用說白採當地語言，如入閩庄說閩南語，入客庄即說客家話。

108　邱連妹、李進興為夫妻，其後曾組改良採茶班「連進興」。

（十二）活 戲

在內台的巡迴裡，老戲引來資深的戲迷，新鮮、離奇的故事，則是為了更多只為休閒娛樂的觀眾而準備。透過「題綱」說明形式的編戲、講戲，劇團推出一個又一個可能賣座的劇目，在不同的戲院之間巡迴。十天的檔期，是新編劇目故事情節的長度。隨著故事推進，期待知曉結局的觀眾願意每天都到戲院報到。這是1950年代內台戲班新編改良戲的模式。「老新興」在戲院的演出事業，也沒能例外。戲班需要有編導的人才。王進在這方面是有經驗的老手，可用。但人手還是不足，為了更多、更刺激動人的戲，也曾找過班外人來幫忙，「蕃薯叔」黃玉英109即為其中之一，曾來幫「老新興」排戲，排過夜戲《明清兩國志》一本110。另有一「福壽仔」，本名陳福壽的班外藝人，也曾應邀來幫「老新興」排夜戲用劇目《苦海明燈》一本。

初嘗試編戲、講戲，慶芳以「北宋楊家將故事」其中一部份為題材，編成《楊文廣打十八洞》，並作為「老新興」內台劇目。這時「老新興」正開始嘗試內台售票演出模式台活動期間，班內負責編戲者，主要以王進、慶芳兩父子為多，另彭學順、陳盡夫婦，也曾為「老新興」排過《征東》、《征西》兩齣戲。王進、彭學順、陳盡幾位老演員所編，多用於日戲，慶芳編劇則主要是用於夜戲的演出。這些演員所編排劇目，多半不講究原創性。創作主要根據幾種模式。演義歷史，兩國戰爭率多由「北國興兵攻打邊廷」說起，而後轉入倫理情節或懸疑奇想的鋪陳。排戲者說明整個故事梗概，每一段的角色演員編制，分派戲份。並於正式演出時，控制全場的節奏，行話謂「管戲場」。

慶芳的排戲與編創劇目中，與王進從演義小說取材的作法相較，又更進一步。電影、其他戲班的票房戲齣，都是取材借鑒的來源。曾編有《五鳳朝

---

109 黃玉英，採茶戲藝人，其妻林燈妹亦為採茶戲演員，專攻小生，其子林慶龍「榮興客家採茶劇團」現任頭手鼓樂師。

110 劇目單位。原指戲齣中完整的一段，即為一「本」。故而多齣連續成套戲齣劇目，又稱「大本戲」或「連本戲」。但此一單位，後於戰後改良戲劇團的生態中，意義又有變化，只要是由一位導演所排一個完整的故事，即可稱之為「一本」，其演出長度通常為十天，外聘來班排戲的導演與班主商議排戲酬勞，即以「本」為計算單位。更晚近於外台戲生態所稱一本，也可能指一次日戲或一次夜戲所用戲齣。

金龍》、《五猴大破美人樓》、《大破五龍陣》111、《江湖四大劍》、《怪鷹五彩鳳》、《楊家將破天門陣》、《刺馬》、《夜戰天山》…。所編創《五猴大破美人樓》中，劇團演員／角色編制情況：

陳盡，苦旦，飾演飛甘鳳。
王慶芳，小生，飾演蘇功。
劉完妹，花旦，飾演胡麗花。
李春蘭，二手苦旦，飾演李秀雲。
林阿春，三花，飾演李三德。
王進，老生，飾演陸炳煌。
林慶雲，老生，飾演皇帝朱成宗。
張添富，大花，飾演董仕統。
鍾照謝，三花，飾演董仕奇。
劉玉進，反面生，飾演黃金善。112

「作戲台」每檔連演十天，進入戲院正式演出前，戲班有時可另外和負責戲院的頭家人商量，先預借戲院後台作為人員休息的臨時戲館，但必須到接檔前一天，全班才能外出「綵街」打廣告，以免影響前一檔節目的票房。由於在戲院演內台戲，行規固定是十天一檔，每一個劇團都不例外，也不會讓戲班提前開始演戲。「老新興」當時期在戲院公演，為了票房需要，要到鄰近各村莊廣告，加上有不能影響前一檔演出的默契，宣傳時間並不長。如果提前演，沒有廣告、宣傳，觀眾就不知道有戲班來本地開演。

戲班提早至戲院準備、休息，最多只能三、四天，而且前一檔必須是電影。但如果剛好遇到有其它劇團演戲，就沒有辦法提前去戲園歇息。但是，

111 劇情內容出自邵氏電影，「老新興」當年推出作為內台戲節目時，有時另又標名為《樊梨花破五龍陣》。

112 劉玉進家族當年有劉玉進（兄）、劉玉森兩兄弟於「老新興」發展後期前來搭班。兩人之中，劉玉進先入班，之後在別班學戲，偏名「阿森妹」的劉玉森出師後，也來「老新興」搭演，搭班時間前後約年餘。

播放電影的檔期，接檔的戲班就可以提前來休息，「演戲就不可以了」。「老新興」有幾次也常這樣，但以不干擾觀眾爲前提。

戲班先住進戲院，作爲臨時戲館的後台另外有側門可進出，但班人自己要負責，不可讓外人出入，不能隨意說話干擾前台的演出，也不可偷跑到前台看戲。以前的小孩子會找機會溜進戲院去偷看戲，所以演出時，戲院的負責人經常都會巡顧檢查一下觀眾席，抓偷跑進來看白戲的觀眾。對慶芳這些戲班演員而言，因爲已經熟知這類規矩，一般不會進前台觀眾席去。整日無事準備接檔前的時間，演員眞想看看電影，大部分都席地坐靠在螢幕背後牆上，看「顚倒的電影」。想看就看，不想看就再回到床鋪睡覺、休息。

近1970年代時，「老新興」在各地戲院巡演的經驗中，已時有機會遇到在電影之後接檔。電影下檔後，接著戲班演戲的檔期。有時看著電影，也會有靈感。遇到合適的的劇情，就當作在「撿戲齣」，借來作爲演出節目的情節，甚至於將劇名、主要情節直接移植。曾參考電影的劇目有：《大破五龍陣》、《楊家將破天門陣》、《張文祥刺馬》。其中《大破五龍陣》是邵氏公司出品的電影，劇情演：五龍宮主排五龍陣，樊梨花、薛丁山久攻不破，最後要請出紅孩兒來破陣。原作電影演員：余素秋飾樊梨花、白雲飾薛丁山，以及當年還是童星的蕭芳芳飾演紅孩兒。《楊家將破天門陣》，也是取材自邵氏公司1970年代出品電影。這兩部都是結合歷史演義以及神怪情節的內容。慶芳對當時神怪武俠片電影中的主演演員的表現，至今印象仍十分深刻。特別是以前的電影童星中，如蕭芳芳、陳寶珠的精彩武打，都可見有戲曲表演的痕跡。因此在主觀上特別能接受。

至於「老新興」所排演《張文祥刺馬》，取材自邵氏公司1973年所出品，張徹導演，狄龍、姜大衛、陳觀泰、井莉等人主演的電影《刺馬》[113]。

，但情節比較寫實。劇情改編自清朝四大奇案，演情同手足的結拜兄弟的黃縱、馬新貽和張文祥三人，在馬新貽升任兩江總督後，翻臉無情，暗殺黃縱，並霸佔黃妻米蘭。張文祥知悉後，義憤塡膺，在校場刺殺馬新貽以報義兄遭害之仇。可見「老新興」晚期改良戲劇目劇情風格上又有變化的嘗試。

113 這部劇情片由姜大衛飾張文祥，狄龍飾演馬新怡，片長118分鐘。其中狄龍曾以本片參加第十一屆金馬獎，獲優秀演技特別獎。

慶芳編排《張文祥刺馬》當時，由自己飾演張文祥一角。這齣戲是「老新興」解散前最後推出的新編改良戲劇目之一。

戲班解散之後，慶芳爲其他劇團說戲，極少排演《張文祥刺馬》，反而是《大破五龍陣》，當年編成於「老新興」推出，曾經紅極一時，很多改良採茶戲班都曾撿去演過。直到現在，「榮興客家採茶劇團」也常再演這齣《大破五龍陣》。

另外如《夜戰天山》一齣，「老新興」後期這段時間慶芳去「錦上花」兼差助演時，撿回來重排，再用於「老新興」的劇目。當時代，後期入班的班人吳文秀、王春〔圖6-15〕，來「老新興」時即曾演過這齣戲。演出時小生吳文秀，苦旦王春。劇中一段苦旦思念情人的戲，慶芳還特別設計了一句口白：「我比誰人都擱卡愛妳！」至今仍十分得意。

圖6-15　左起王春、吳文秀。攝於南屯相館，時約1966年。

（十三）暫 度

從「八七水災」後，內台戲院公演的市場逐漸消失，連外台戲的戲約也日益清淡。平常「老新興」沒有戲的時候，慶芳夫妻即在各個戲班臨時搭演，這種「打破鑼」的日子，前後過了好些年。〔圖6-16〕長年在「老新興」內，總有著深厚的感情，只要戲班主一日不提散班的事，王家慶芳夫妻倆，誰也說不出離班另謀他就的念頭。好在，三十歲不到的年紀，加上深厚不凡的表演功力，總不斷有戲班找上門，要慶芳夫妻出門表演。

1968年，潘清金過世。爲了在家照應年幼的孫子，王進出門演戲的機會也少了許多。王進夫婦晚年，少數幾次，曾因不同戲班同時找上王家請託出門演戲，因爲撞期慶芳夫婦應付不及的情況，才由王進出門代打。其中一次，老人替慶芳到「新美園」助演，與班主王金鳳（1917-2002）略有口角嫌隙，自覺年歲已大，在戲班中所受待遇不如年輕人吃香，此後更不願意出門。慶芳則因爲感受到養父心中的委屈而不平，此後很長一段時間不願意爲「新美園」助演，直到王金鳳瞭解箇中原因，兩人當面溝通，才得消解誤會。

養母潘清金至養父王進先後過世這段期間，慶芳夫婦主要在「錦上花」的班中「打破鑼」，臨時搭演。至王進過世當年，主要多是「金興社」班主找慶芳出門助演。此時雖說接演的都是屬於臨時打工性質的「打破鑼」演出，但在合作的對象上，仍以幾個固定的戲班爲主。

圖6-1611　王慶芳至「新美園」班「打破鑼」，於嘉義市與彭繡靜合作演出《鬧西河》。當時王慶芳29歲。

「金興社」每次都是由張玉梅出面調慶芳助演，當時的班主爲四平戲藝人徐金舉（1912-1971）[114]。1971年，徐金舉過世後，班務由徐妻陳九妹繼續經營，至陳九妹過世後，再由其子徐先亮先後與徐金舉表兄弟彭雙萬，及藝人張玉梅合股經營。經與張玉梅合股四年後，才正式獨資經營劇團。[115]由於與「金興社」徐家的淵源，之後徐金舉女徐秋子（1949-）與夫婿李國雄創「德泰」，慶芳夫妻即入「德泰」住班，春蘭過世前更一直是「德泰」重要的班底成員。「德泰」也曾經在慶芳夫婦幾次經濟上的困難多所支援。因爲「德泰」班主李國雄（1942-1997）與林三郎結拜，林三郎又與慶芳結拜，算是自家的「過帖兄弟」，情分自然不同。

與「勝春園」學採茶戲出身的林三郎結拜時，在中壢新街大廟，還正式備辦了牲禮祭告神明。王慶芳二十歲左右，正當李春蘭、吳月妹、楊九榮等人開始學戲之際，有北管子弟蘇添富來搭「老新興」。不久，慶芳與蘇添富（1939-）兩人隨班演出到基隆，在當地「聖王宮」結拜。「新興陞」原股東世珍，一直在「聖王宮」當地教北管。添富在「老新興」並沒有搭很長時間，出班之後也作八音。現在造橋自家有組八音團。在班裡邊認的結拜兄弟還有簡聖郎、鍾進財兩人，在台中南屯演出當時，同班專演採茶、歌仔的王春見慶芳與簡聖郎、鍾進財三人感情好，提議不如結拜，於是三個人在「萬和宮」結拜，還照了一張相片留念。因爲三個人照相不吉利，於是慶芳特意抱著義妹王春的女兒「阿如」一起合照。

在戲班生活中認的結拜兄弟，除陳玉平、蘇添富、簡聖郎、鍾進財、林三郎。之外，還有曾德欽。不過兩人結拜時，僅買了水果就近到媽祖廟拜拜。至於幾個結拜兄弟各自另外的結拜，而牽引出的「過帖兄弟」，其中因爲林三郎淵源，有李國雄、余德芳、謝俊男、張文聰（1942-）等人；因爲陳玉平的淵源，有「紫米」[116]、「阿宗」、鄭長庚（1936-）、呂文德「二郎」等人。

114　徐金舉，四平戲藝人，18歲入中壢「大榮鳳」隨郭天奇學藝，戰後初期創「金興社」。然其人於之前日治時期出師後不久，即曾已接手由原班主王景奇所出讓的「大榮鳳」，並兼從事外臺戲演出。

115　徐亞湘，《桃園縣戲曲發展史》。2002（未刊）。頁532。

116　本名羅進榮，歌仔班武生出身，後入「再復興」，專演武生、三花。娶劉賓添、傅桂香之女劉己妹。與王家交情深厚。

李國雄（歿），和林三郎換帖，叫王慶芳大哥。「勝美園」學戲出身，與「阿虎」、劉玉森、曾東成（現有整班）同期學藝。後來李國雄過世後，其子李正光（1970-）挑班繼承父業，爲了「第六屆全省客家戲劇比賽」，慶芳還出面幫他排了一齣《寶蓮燈》參賽。余德芳，和林三郎換帖，歌仔底。年輕時曾下南部演戲，一直待到子女都畢業。謝俊男，娶採茶戲小生傅明乃，和林三郎換帖，現待「德泰」，任後場頭手。張文聰：和林三郎換帖。「宜人京班」學戲出身，現待「新月娥」。過帖兄弟中，與「阿狗哥」陳玉平結拜的羅進榮（歿）：和「阿狗」換帖。武生，河洛班歌仔底，在哪裡學不知道。「阿宗」（歿）：和「阿狗」換帖，採茶班，又兼賣藥，口才好似「半仙」一樣。作採花戲類型的戲齣很好，很現代感，英俊。「阿庚」鄭長庚和「阿狗」換帖，四平底，打鼓。以前待「阿狗」陳玉平的班，現在中壢組班，人稱「阿庚班」（即「金龍歌劇團」），常找慶芳去幫忙，但因在「榮興」這邊的戲多，還要錄影，沒有空過去幫忙。「阿庚」班裡大部分的演員多是河洛人。呂文德（歿）和「阿狗」陳玉平換帖，戲班後場樂師，擅長打銅鑼、西樂鼓，生前定居中壢。

（十四）新 劇

和林三郎在「金興社」助演期間結識。在此之前，王慶芳不曾嘗試以台語電影的劇情排戲。其中因爲早期台語電影都演時裝戲，覺得不合用。但「金興社」在當時也演新劇，所以應邀爲該班排戲時，才嘗試吸收台語電影的內容編出新劇目。當時間所排的新劇，以《基隆七號房》117、《孝子丁蘭》、《龍潭奇案》三齣，印象最爲深刻。其中《基隆七號房》、《孝子丁蘭》取材自台語電影，《龍潭奇案》則是從當地的社會案件改編。但對於慶芳而言，排戲、編戲最要緊處，在於能否看出所分配角色合不合適，不是隨便排一排就好了，戲班裡有人角色不適合，就無法演。

---

117 《基隆七號房》電影原作爲《基隆七號房慘案》，編劇洪信德，導演莊國鈞，康明、張麗娜主演，南洋影業1957年出品。見呂訴上，《台灣電影戲劇史》，台北：銀華出版社。1961。頁76。

《孝子丁蘭》「金興社」在內台演出當時，將故事情節背景由古裝改編成現代劇形式演出。張玉梅飾孝子丁蘭。《龍潭奇案》演出劇情，根據演龍潭當地一戶人家的女婿和女兒兩人聯手弒母的情節改編。此劇是王慶芳稍早在「富岡戲院」118演戲時聽聞的地方傳說。演出時，演員以林三郎飾女婿。林三郎妻徐夏子（徐金舉之女，徐秋子大姊）飾女兒。《基隆七號房》則是為「連進興」所排演的內台戲劇目，改編自同名台語電影《基隆七號房》，王慶芳撿來作為戲班演出新劇的劇目。故事內容強調其中殺妻情節的衝突。「連進興」當時同時在外台、內台活動，所表演劇種、劇目以改良採茶為多。

內台班的「金興社」常在新屋等地的戲院演出，班內也原有自己的講戲先生，只在偶爾的情況下，有一兩齣曾請王慶芳講戲。其中如《怪鷹五彩燕》，就是幫「金興社」排的內台戲齣，在「湖口戲院」119公演。這齣戲當時推出每晚都滿台，此齣由王慶芳排戲。與《江湖四大劍》角色設計模式類似。其中分「怪鷹」(陳玉華「アレカ」飾演，屬武旦，好人遭劫需要救人時，鷹要先出場，緊接武旦就會出場救人）、紅彩燕（屬妖婦、壞人性質）、黑彩燕（妖婦、壞人，假裝成美女，進宮刺殺皇帝）、白彩燕（小旦，好人）、青彩燕（小旦，好人）、黃彩燕（小旦，好人）林夢麟（小生，劇中小生與反生兩人關係為親兄弟）、林元念（反生，林夢麟親兄弟，但自幼被別人收養，心理不平衡變成壞人，欲加害兄長）。

「金興社」的內台戲，當初是在農曆三月二十三日演過外台戲後，改演內台公演。當時的公演，演戲是噱頭，主要的在以賣藥為目的，由「金興社」與許秀榮雙方合夥。每當外台沒有戲約之後，便轉作內台。不久，徐金舉因為擔心賠錢就不再繼續內台表演活動。

在幾個大班臨時搭班，補家計收入不足的時間裡，「老新興」終於正式解散。不久，適逢原以賣藥為主的曾先枝與許秀榮兩人合夥，成立「永昌」，慶芳夫妻入班，兩人時年分別為三十二歲、三十歲。這時戲班主要演員有王慶芳

---

118 位於桃園縣楊梅鎮的富岡街上。富岡，位於楊梅街西方，縱貫鐵路沿線上，鄰近新屋鄉以及新竹縣湖口鄉。

119 位於新竹縣湖口鄉的新湖口街上，鄰近湖口車站不遠。

（老生）、葉金玉（小生）、曾先枝（1932-）120（小花）、正興（花臉）、李春蘭（正旦）、秀娥（花旦）、陳玉華「アレカ」（苦旦）。戲路主要以外台爲主。在「永昌」排戲齣的工作多半是老闆曾先枝自己負責，偶爾一兩次才會需要慶芳出手。當年在班一年期間，第一次排的是《樊梨花破五龍陣》，也是從劭氏公司出品的電影劇情套出來的戲齣，需要不少女性角色，是以前「老新興」內台常演的戲齣。

「老新興」正式結束，尚未搭曾先枝的「永昌」班之前，慶芳、春蘭夫妻和劉完妹三人曾經北上待「東亞」歌仔戲班，時間很短暫，只有兩三個月。「東亞」爲台北大橋頭歌仔班，老闆爲水源，住班當時的班內演員有：羅麗麗（小生）、廖秋（苦旦）、張文彬夫妻、「青番狗」蔣武童121等人。直到曾先枝起班，到王慶芳家邀請入班才離開。劉完妹也另搭採茶班，並於不久後自行組班，班稱取名爲「金玉梅」，但經營時間不長。

初在「永昌」搭班，戲班即遇酬神戲淡季，「永昌」班主之一的曾先枝、賴海銀夫婦原打算暫停戲班活動，但考慮到演員的生計，慶芳建議許秀榮帶班入戲院表演，順道兼從事推銷藥品。沒想到這時主要在富岡以及湖口戲院兩地的連續演出，不但廣受好評，藉演出賣藥的構想也獲得成功。許秀榮原先堆滿一屋子的滯銷藥品，一銷而空。

120 與妻賴海銀兩人皆爲客家採茶戲藝人，現同於「榮興客家採茶劇團」住班。

121 歌仔戲藝人唐美雲之父。據王慶芳印象，此人在歌仔戲同行間有「戲狀元」美稱，曾拍過電視的龍角散廣告。

七、大保國

觀不盡眾英雄哈哈大笑，那怕江山不太平。
我和爾眞個有用人，年邁蒼蒼保江山。

《大保國》122

(一) 家計

《大保國》，亂彈本戲《三進宮》最後一齣，是慶芳夫妻第一次同台演出的亂彈戲劇目。那時的春蘭還沒正式學戲，幾句唱詞與小段場上身段，只憑著「招弟姨」陳盡臨演前幾天的傳授。在現實的人生中，《大保國》楊波與徐延昭臨危義無反顧挺身保國的劇情，卻是慶芳與春蘭夫妻兩人對於維繫王家家運眞實的對照。

王家養父母接連過世之後，下一代又接連出世，慶芳夫妻要維繫、振興家運，仍只能在梨園行中追求機會。之前戲約清淡的歲月裡，「老新興」班人回到東社戲館共同生活。爲了節省開銷，班中老輩如李尖溪，會幫忙撿柴煮三餐，餵雞豬。春蘭常隨李尖溪同去撿拾柴火。現實生活中，一整班的演員裡，好幾個家庭，老老少少都需要養活，各家必然有各自的盤算與難題。

早在「老新興」搭班最後兩三年，王進夫妻已將負擔家庭生計的擔子交到慶芳夫妻身上。尤其同時能挑主角與編導工作的慶芳，更是家中最主要的經濟來源與支柱。兩代四人在同一班中工作，三人演戲，一人擔當班內雜務，慶芳一家的經濟隨著戲班的興衰高起低下，這也是春蘭日後始終不願意子女再入梨園行演戲的重要考慮之一。一家人在一起賺錢，家族雖然更加團結、齊心，但藝人演戲的收入不單是不固定，且戲曲表演市場的大環境本身已經萎縮得厲害。一家人同在一起賺戲班錢，猶如將所有的雞蛋放在同一只籃子裡，禁不起突來的外在環境起落的衝擊。

122 亂彈戲《大保國》徐延昭（大花）點兵入宮救駕前唱段。

（二）援演

「一九一0年代，台南與台北俱爲京劇的重心，台南的京劇表演風氣較諸台北有過之而無不及。」123這樣的歷史背景，讓「新榮鳳」這樣一個以皮黃京調的北部班，得以台南爲基地，在南部經營演出事業。然而，遠征台南發展的「新榮鳳」在當地，不只演唱京劇老式劇目，其中部分原因，在於班中成員出身五花八門，不足以傳統劇目應付觀眾，另一層原因，則是考慮觀眾來源多樣，必須有不同的戲碼變化，才能夠持續吸引客源與演出機會。因此，當演出劇目逐漸不足之際，班主陳招妹即北上找到正於「金興社」、「錦上花」等戲班「打破鑼」的慶芳夫婦南下。

夫婦接到邀約，之前已拒絕過到宜蘭發展建議的春蘭，原本不贊成南下，覺得離小孩太遠，又不確定在外埠他鄉的可能性。最後在慶芳建議姑且一試，加上北部這方面，始終也還看不出有發展性、值得投入的劇團。夫妻收拾簡單的行囊，安置好小孩，搭乘夜班火車南下，清晨抵達台南。

三十三歲，慶芳與妻在台南正式入「新榮鳳」。〔圖7-1〕回憶中，當日一早才抵「新榮鳳」，隨即於當地參加首次演出。夫妻兩人於當天排出日戲《黃鶴樓》、夜戲《天界山》，日夜兩場戲碼中，夫妻分挑大樑。這天因爲演出精彩，慶芳、春蘭夫婦贏得許多觀眾的賞金。特別是當時未滿三十歲的春蘭在《天界山》劇中飾演小旦，以嬌媚的演技，演到觀眾不斷地掏出賞錢。望著比一天的演出酬勞還多了幾倍的賞金，夫妻當下「頓開了眉梢換笑顏」124。至此，李春蘭才放下對於南下發展的疑慮。全力與慶芳兩人在南部賺錢養家。夫妻北返稍作打理，將家中需要上學長子以及老二兩個小孩，辦理轉學並安頓於春蘭三灣的娘家，另外兩個還未脫繈褓的子女，則帶在身邊自己照料。

慶芳與春蘭兩夫妻在台南演戲十年，「賺了一幢厝！」這是王家過去以來經濟最寬裕的一段歲月。

123 邱坤良《舊劇與新劇：日治時期台灣戲劇之研究（1895-1945）》，台北：自立晚報。1992。頁167。

124 亂彈戲《大保國》〈哭皇陵〉齣，徐延昭（大花）見楊波領兵入宮保駕唱段首句。

（三）南 下

「十八海洋」之一的義伯父劉金泉當年也曾與人合股整班，但這「新榮鳳」的班是義伯母陳招妹組起的，牌照以劉金泉子劉元洲的名義登記。此時劉金泉已過世多年。陳招妹人稱「阿招嫲」，龍潭人，演員出身，演出時主要飾演「老婆」，慶芳自幼起每見「阿招嫲」，都是以伯母相稱。買下戲班之前，陳招妹個人原即於「新榮鳳」住班，之前曾搭新竹「新永光」。[125]

稍早1950年代時期，「新榮鳳」戲班的劇團登記負責人為廖阿財。[126]人稱「大箍林」的廖阿財「中壢新街人，四平底，擅演關公戲，〔…〕後該班〔「新榮鳳」〕賣與一關西邱姓人士」[127]，之後不久隨即再轉賣給陳招妹。

對於「新榮鳳」的牌照，慶芳所知是陳招妹直接跟「大箍林」家人買下的。而且王進沒去世前就買很久了。陳招妹未整班前，一直搭「新榮鳳」班，「大箍林」死後，因子不繼續接下繼續經營，陳招妹才決定將「新榮鳳」買起來。當時「新榮鳳」的買賣方式是連牌照、戲籠一起買。又是一說。

圖7-1　李春蘭在「新榮鳳」時期的演出劇照。約1972年攝。

125　陳招妹（1915-），十四歲入亂彈班「慶桂春」，隨李樅學戲，半年後逃班至「永樂園」，改學採茶戲，此後所待戲班主要以採茶班為主。見徐亞湘，《桃園縣戲曲發展史》（未刊）。2002。頁34。

126　呂訴上〈台灣歌仔戲史〉、〈台灣新劇發展史〉《台灣電影戲劇史》，台北：銀華出版社。1961。頁282、339。

127　見徐亞湘，《桃園縣戲曲發展史》（未刊）。2002。頁34。

1962年，陳招妹接理班務之後，初期仍以桃竹苗爲主要活動區域，固定以中壢地方外台戲演出機會最多，從沒下過南部演戲。後遇機緣巧合，一台南人北上來在中壢，見識過「新榮鳳」的演出後，力邀劇團前往南部演出。此人強調台南人愛看京戲，可惜沒有適當的戲班，「新榮鳳」如果肯南下發展，必能走紅，云云。南返臨行前，又帶走戲班的聯絡地址與電話。不久之後，果然接到一戲約，請於台南市土城大天后宮演戲，戲約爲期約兩三天。

抱著姑且一試的心情，班主陳招妹領著一班團員南下應戲。不意，果眞大受歡迎。原本的戲約履行之後，不斷有人繼續來「延戲」。一天接著一天，每天都有新的請主出現，戲班在台南當地一連演出了數十天，不能停歇。當時的「新榮鳳」初次南下台南，演兩天戲後，所造成的迴響，可說是台下一些觀眾自行提議，要求戲班繼續就地加演。於是想看戲的觀眾大家集資請戲，班主沒有刻意到廟方周旋，所搭的戲台也因此一直留著沒拆，直到第一波演出活動終止。「新榮鳳」就這樣一直演到觀眾漸多，四處都有人風聞來看，因而順勢走紅。

「新榮鳳」原本是四平班，班內成員多爲四平底以及一些「宜人京班」出身的演員，部分則是採茶班、亂彈班出身。在台南當地都演外江戲，主要以演正本戲爲主。改演外江戲齣之後，還請過台南的票房老師、外江先生教唱平劇。戲齣有：《劉備招親》[128]、《狸貓換太子》、《白虎堂》、《穆桂英招親》等…。王慶芳搭「新榮鳳」前，已是演出經驗多年的戲班，後因缺戲齣，才再招請慶芳入班負責講戲、排戲。

（四）管 場

童年一齣《打登州》，不因亂彈班「老新興」的解散而丟落，中年後，在「新榮鳳」住班的時期，又再有了用武之地。

原來當時「新榮鳳」在安平正和別的戲班打對台，已連續多日不能停歇，幾乎已經演盡了全班人所知的戲。慶芳來班之後，陳招妹隨即與慶芳商量：

128　又名《甘露寺》。

「現在我們要和別的戲班打對台，但是戲齣都差不多已經演完了！」劇目如果重複，怕吸引不住觀眾，致使一些「戲箱」129 流失。

當初第一天所演《天界山》、《黃鶴樓》，臨時班內與其他多半不曾演過亂彈戲的演員合作。演出前準備工作從前場演員套戲到後場樂師的搭配細節，都由慶芳一人安排。慶芳利用主戲集中一兩個演員身上，但又可以表現場面的戲齣，很快地將一切安排妥定。以《黃鶴樓》爲例，當天的對手戲，慶芳本演周瑜，吳龍泉飾趙子龍，再由人稱「包公妹」的李玉榮（班人稱之爲「阿妹叔」），飾老生諸葛亮。後場則直接與懂八音、亂彈的頭手樂師官德鋒交代其中關鍵的唱段，以及過場音樂的重點。

慶芳一入「新榮鳳」隔天，即正式被「伯母」委以「管場」（管戲場）、「導演」職務。爲替劇團增加了更多劇目，除了編演改良戲之外，也包括以往亂彈班所慣演的劇目。陳招妹聘王慶芳入班，原本就不單只是因爲慶芳在前場演出的長才，也因爲之前在老新興期間，隨著養父王進在戲班編戲多年，所擁有的排戲、編戲經驗。「人在內，聲在外」，同行之間早已知道王慶芳在內台班時期排戲齣的能耐，何況是自家的義伯母。來到台南，備受倚重，慶芳不僅總理班中所有演出的事務，還要編戲、分配腳色，甚至於親自上台演出。日後，多位過去在桃竹苗當地認識的同行朋友，在他的引薦之下，紛紛南下來「新榮鳳」搭班。

首日演過《黃鶴樓》、《天界山》，慶芳隨即又排出《時遷過關》130、《燕青打擂》。演《時遷過關》，王慶芳負責說戲，同時演時遷一角，另謝美妹演「瘋老爺」，班中其餘演員則分攤燕青、顧大娘等比較次要的角色。頭手鼓鍾進財 131 。頭手弦吹官德鋒 132 。演出中，時遷扮成乞丐進城「打七響、唱乞丐調、唱亂彈小調」，在戲台上與後場樂師（官德鋒負責）兩人一搭一唱。

---

129 戲班行內對於戲迷的暱稱，此說源自於以前熱情觀衆，常會主動幫忙支持戲班演員「扛戲箱」的現象。

130 又名《大名府》。

131 亂彈戲班出身樂師。

132 客家戲後場樂師，兼擅北管、八音，在「新榮鳳」搭班時期，其女官寶珠當時也同在班中，隨團開始學戲。

才到「新榮鳳」不久，因見班內武行人手充裕，想起童伶時期由許吉傳授的《燕青打擂》133這齣武旦戲《燕青打擂》情節，演梁山好漢興兵攻打扈家庄，收服扈三娘的戲，可以表現戲班規模，以及演員武打特技。於是特別排演全本《燕青打擂》。所排《燕青打擂》劇情，從「攻打扈家莊」演起，直到「打擂」。其中戲份較爲吃重的角色與演員分配：矮腳虎王英，由張鐵山負責演出，李寶蓮演扈三娘，「小蘋果」張叫興演擂臺主，吳龍泉（鴨母龍）演燕青。老生葉玉騰飾林沖。

在「新榮鳳」演出《時遷過關》、《燕青打擂》兩齣亂彈戲齣當時，班內只有慶芳一人用亂彈調唱，其餘下手演員都唱外江。例如，《時遷過關》在假扮乞丐時遷進大名府城前「過關」的情節中，三花演員和後場搭檔、和「瘋老爺」(下手三花)對戲，其他人都唱外江。演《燕青打擂》時，也是類似的情況。

「新榮鳳」班內演員的編制與組織規模不小，老生、三花、老生每個主要行當都有兩人一「雙柱」。演《時遷過關》時，三花有王慶芳可飾時遷，有張鐵山可飾王英；武生有吳龍泉可飾燕青，王桂蘭演武松；雙柱的老生之中，葉玉騰飾林沖，李玉榮「阿妹叔」飾吳用；花面有「阿鳳」宋乾鳳（王桂蘭夫）飾扈三娘在祝家庄的未婚夫，以及張叫興飾擂臺主。

（五）招 妹

雖說成員多是長期在客家庄活動的演員，「新榮鳳」在南部的演出，不論唱的是正規的京劇劇目或以京調唱腔演出新排劇目，舞台上的口白，都講當地一般觀眾熟悉的河洛語。人稱「中壢班」，「新榮鳳」雖在台南前後發展十多年，但只是歇腳戲館搬去台南，主要在台南頷戲，戲牌仍登記在中壢這邊。同時，在台南活動期間，仍未與桃竹苗地區全然斷絕演出活動關係。由於南部地區不時興「普渡戲」，因此，每年逢農曆七月期間，乃舉班回北，接演桃竹苗地區普渡慶典或祭祀義民爺的「普渡戲」。

133　按，本劇又名《扈家庄》，亂彈新路戲。

伯母陳招妹，雖說是「新榮鳳」的老闆，但自己沒演戲或沒有其他要務時，都會在戲棚裡外處理演出雜務。陳招妹夫「金泉阿伯」，比王進早逝。慶芳不眞確知道劉金泉是哪裡人，只知他後來住在中壢，好像聽說是下港人。記憶中「金泉阿伯」不太會講客家話，算是正河洛人，「講客吊吊」，很早就死了。阿伯「過身」當時，王慶芳也曾隨養父王進去拜他。慶芳對劉金泉的印象不深，但知爲後場頭手鼓，曾在亂彈班打頭手鼓，年輕時曾學過外江，擔任頭手鼓，歌仔、採茶也會打，之後有拜師學京戲。劉金泉爲王進結拜兄弟，年歲比父親大，叫阿伯。

劉金泉子劉元洲爲西樂底，後來才學傳統台灣戲，在戲班裡會挨絃、打頭手鼓。打得很好，王進曾經指點過，但傳統戲的後場最初是由父親劉金泉啓蒙的。以前教人很兇的「金泉阿伯」，每次劉元洲有打得不好處，就會遭鼓箭敲頭。慶芳見過劉元洲年輕留短髮時，腦袋上冒著一個腫包的模樣。才知「金泉阿伯」教人學藝的手段很兇悍。

牌照雖說是以劉元洲名義登記，但當年主要在中壢「東方歌廳」跑那卡西、組樂團的劉元洲，實際上很少管戲班的事。只有一次兩次，偶爾有空，戲班也需要後場人手時，才會來幫忙。慶芳聽說劉元洲當時在「東方歌廳」影響力很大，連白嘉麗要去登台演唱，都要巴結他。只是因愛賭博而虧了不少錢。

劉元洲司鼓、吹西樂、鋸絃，也是頭手，但比陳招妹早逝，生五六個兒子及一女兒。劉金泉與王進結拜兄弟，所以劉金泉的兒子劉元洲，對慶芳而言，就是「阿兄」。「阿兄」娶妻許玉京，採茶班演員。許玉京〔圖 7-2〕，劉元洲妻，年輕時演花旦，後來作苦旦，扮像非常漂亮。中壢人，養女。早年親生父母將他過繼給許姓人家，養父許□泉，以道士爲業，人稱「司公泉」。現在許玉京還在「小月娥」(新月娥) 演戲，爲採茶底。嫁給劉元洲後才從夫姓，「劉許玉京」。大家都叫她「玉きょう」，從日本語「京」字的讀音。

圖 7-2 許玉京

（六）演 員

台南當地觀眾稱「中壢仔」的「新榮鳳」，在南部地區也有人稱之為「中壢班」，1970年代，在南部地區曾十分活躍，猶如《大保國》中的「徐國公」（徐延昭），慶芳在班中調兵遣將，務使「新榮鳳」每一次的演出，都可以得到「戲友」的欣賞。而「新榮鳳」當時演員人才濟濟，「觀不盡眾英雄哈哈大笑，那怕江山不太平。」

「新榮鳳」時期同班近二十名演員中，阿同仔伯、宋乾鳳、李玉榮、李春蘭、王慶芳、徐仁光（大花，身材胖高）、巫鳳珍、王桂蘭（小生）、周永華、張遠亭、張彬、張叫興、張鐵山、吳炳明、范月鳳、劉勝龍、葉玉騰、黃月英、吳龍泉、李玉蓮、李寶蓮、官寶珠、官寶月、賴英子、吳美玉。[134]

這些演員之中的年輕演員，當時有「宜人京班」出身的李玉蓮與李寶蓮兩姊妹，[135] 相當出色。在班中，李寶蓮，擅長刀馬旦、小旦、花旦，還能夠「打出手」[136]。姊妹與年齡較長的春蘭感情好，尤其是妹妹李寶蓮很會撒嬌，未嫁人之前在戲班中，春蘭常會幫她洗衣服。官寶珠、官寶月〔圖7-3〕兩姊妹，當時年紀更輕，才入班不久，隨團同學小旦。賴英子也學小旦。資深的女性旦行演員中，范月鳳人稱「阿妹嫲」，專攻青衣，唱工扮相都好，演技也最厲害，在台南當時有很多「戲箱」支持。[137] 春蘭本工花旦、小旦。

圖7-3 官寶月

134 這些演員中，晚期由於徐仁光、「鳳英」巫鳳珍夫婦以及宋乾鳳、王桂蘭夫婦因生病出班，才又調吳炳明夫妻、劉勝龍入班；吳明通之女，宜人京班出身的吳美玉（人稱「みちこ」）入班，則是因為李寶蓮婚後出班，才下台南入班，專演刀馬旦，也會「打出手」。

135 客家京班演員李榮興養女。

136 戲台上由刀馬旦一人對多人，以拋打刀、槍等兵器為演出特色的表演程式。

137 范月鳳，「宜人京班」出身，曾為「東港華美歌劇團」當家小旦，其父范振聲為「廣東宜人園」琴師。見呂福祿口述，徐亞湘編著，《長嘯—舞台福祿》，台北：博揚文化。2001。頁127-28。

班內男演員之中，張彬、張叫興、老周、張遠亭，四個外省人。人稱「大胡」的張彬，外省人。老生、公末，票房子弟出身，以前曾在「小月娥」搭班。張叫興，也是外省人，人稱「小蘋果」，科班（京班）出身，技藝不錯，只是戲緣不討好。張家班來的張叫興對戲不藏私，擅長的老爺戲，慶芳有時不懂，就會請教他。戲很深腹，正科班出身。擅演孫悟空。周永華，人稱「老周」，票友出身，唱大花，也會演特技，據說其母親會「鳳陽術」，亦會特技。張遠亭，內行京班底，外省人，專攻武生，當時到「新榮鳳」的演出工作，近似於「打破鑼」；所演劇目大部分如《長坂坡》、《鐵公雞》、《金錢豹》…等齣，以前是「正義京班」(又稱「張家班」)的老闆。

其餘，張鐵山，藝人張文聰長兄，擅長阿丑、武生，屬「新榮鳳」班內的大角色。吳炳明，人稱客家班戲狀元，花臉、老生都擅演。劉勝龍偏名「跛腳龍」，擅長老生、花面。葉玉騰，老生。李玉榮以演包公聞名，人稱「包公妹」，老生。吳龍泉，偏名「鴨母龍」，現仍有在演，武生。再者，不論演平劇或亂彈戲，「新榮鳳」班內當時專攻大花的角色很多，至少有宋乾鳳、徐仁光、周永華、張彬四人。徐仁光、宋乾鳳二人為「宜人京班」同期學藝的師兄弟。

團員中的夫妻檔，當時有徐仁光、巫鳳珍夫婦，宋乾鳳、王桂蘭夫婦，李春蘭、王慶芳夫婦；父女檔有官德鋒、官寶珠、官寶月一家。皆曾為「新樂社」演員的謝美妹與賴英子，則為母女檔。

在文武場的伴奏樂隊人員方面。文場，官德鋒、蔡文灶139兩人，都能擔當頭手樂師，但官德逢會吹嗩吶，蔡文灶則不會。武場頭手鼓為李煌土。下手則由家住桃園內壢的「二郎」呂文德（「龜仔德」呂芳明140之子）負責打銅鑼。最後幾年，二郎出班後，找昔日「老新興」結拜兄弟鍾進財入班接替打銅鑼的武場下手工作。

---

138 張叫興的大哥也是京班藝人，專攻武生，藝名叫「蓋叫地」，取喻與著名武生「蓋叫天」媲美。

139 江玉寶與黃菊妹所生么子仁添的養父。

140 四平戲藝人，曾組四平班。

(七) 管 籠

童年聽「軟武松」在大橋頭書場的講古，「宗仔伯」識字的啓蒙，少年時期看「顛倒電影」，種種的經驗，讓慶芳得以從演義、傳說，乃至於電影情節，摸索找到編戲的素材與技巧。亂彈戲科班的鍛鍊，字字句句，點滴的反覆琢磨、記憶，更是領略戲曲演出精髓的根本。在「新榮鳳」長年的表演生活歷程中，每天幾乎不能間斷的表演工作，作爲「管戲場」的基本職責，便是不斷地拿出不使觀眾厭煩，甚至於歡迎的戲齣。

春蘭在班中除了演出，也兼管「服飾籠」，包辦班裡所有戲服的清潔、修補工作。戲班中「管籠」的庶務工作，都由同班內演員兼任，管理者除了保管演出所用服飾、道具之外，同時負有照顧、維護的責任。

演戲時需租車載送道具、布景。演戲，由王慶芳「管戲場」。陳招妹負責管戲路、管帳，只有不在台南才需有人代理。當時慶芳「管戲場」的職責，不但管每一天實際的表演工作，還須要注意服飾、道具、布景維護的情況，有缺損就更新或修理。服飾，有妻子春蘭可以幫忙洗滌、修理、縫補，戲班也另外補貼有管服飾職務的錢，錢由春蘭賺得。「頭盔」、「雜籠」(走台籠）也都有專人管理，也有錢領。在「新榮鳳」期間，班內當時「管籠」的工作，分爲「頭盔籠」、「服飾籠」、「雜籠」三頂，職司人員有：

「頭盔籠」：吳龍泉。
「服飾籠」：李春蘭。
「雜籠」：又名「走台籠」，由朱阿趖141負責。

這些管籠的「籠管」維修保管工作人員之中，吳龍泉與春蘭本身也是演員。三人中，負責雜籠（走台籠）的工作者，由於平常需負責維修的事務比較單純，頂多遇刀槍道具損壞，需要一點簡易的木工修補技術，這項職務所領工資最少。其次是管理「頭盔籠」的職員，要具備修理各式頭盔帽的手藝，所分的酬勞，比起管「服飾籠」的人，稍少，但比管「雜籠」者多錢。

141 亂彈戲花臉演員朱阿順的大哥。不會演戲，在班中只負責管戲籠、雜務。

管理「服飾籠」的職員，則由於須負責一班所有戲服整理、清洗以及縫補的工作，可領工資比較多。

由於陳招妹的信任，丈夫慶芳工作上直接的需要，加上春蘭自己也急盼著能夠額外多賺一些錢，便主動地接下管理「服飾籠」這份工作。原本這份工作是由李□光負責，慶芳夫妻入班兩三年後，出班，才改交由春蘭負責。

（八）填 縫

亂彈新路戲一本《三進宮》劇目，情節、人物大致同京劇《二進宮》，兩劇本皆唱皮黃，只是在唱腔的細節上各有不同。對於慶芳這樣一個出身亂彈班且浸淫在亂彈戲曲表演多年的前場演員而言，京劇與亂彈雖有差別，但不至於天差地遠。改搭以外江京劇演員爲多的「新榮鳳」，表演的環境與搭檔的對象不能說沒有差別，但比起只能唱採茶、歌仔的戲班演員，總是容易適應得多。

兩人到台南「新榮鳳班」演戲，慶芳夫妻演了將近十年，台南的戲班只演外江，不像以前在「老新興」演戲時，雖說是亂彈班，但亂彈、採茶、歌仔戲都演。「新榮鳳」在台南期間，每一個月平均能有二十幾天戲約。一個月下來，演員沒休息幾天。下午日戲演正本、武戲，一般常演《過五關》142、《困土山》、《古城會》、《天門陣》、《桃園三結義》（文）、《楊家將》，只要調配得出合適的演員，外江、亂彈都唱，只差沒唱採茶、歌仔。「台南人比較不愛看歌仔戲。」晚上的夜戲常演《劉備招親》、《狸貓換太子》、《三請孔明》、《孔明招親》、《白虎堂》、《斬子》、《破天門陣》...等，較有曲路的戲齣。台南當地晚上夜戲的欣賞習慣，比較不排演武戲。唱腔大部分唱外江，都是演內容套定的戲齣。

即使是亂彈底，慶芳到「新榮鳳」之後的工作，除了「管戲場」排戲齣之外，也要參與日常的演戲。演出時也要能演正本的外江戲齣。正本外江戲的戲齣，如《甘露寺》、《救主》（狸貓換太子），一如亂彈戲本戲，唱段都是固定

142 亂彈戲戲齣，又名《秦瓊破五關》，或《倒銅旗》。

的，不同的角色之間得要對曲，加上每位角色都分配得剛剛好，各司其職。因而只要一個演員臨時未到，就會影響整個演出效果。遇到這種突發狀況，演戲時需要有人塡補臨時所不足的演員空缺。這時爲求速效多半就是慶芳上陣兼演，常臨時在晚上的夜戲演八賢王、劉備…。即使是「塡縫」，還是會覺得自己好像生來就是要來演戲的，對戲特別有感覺，也特別擅長記憶。很多戲聽一聽就會了，也不曾找人教。常聽、常看，遇到有上場需要，與文場、對手演員一同對過曲，就會了。

（九）戲路

陳招妹的「新榮鳳」，以台南市天后宮前一民宅作爲戲館，休息、對外聯絡都在此處。〔圖7-4〕劇團對外交通主要依賴租用的貨運卡車協助運送，在各處搭台演出，每到一處，貨車發車、抵達時戲箱（籠）需要裝卸，就由同班演戲的男演員幫忙。至於現場的布置、收拾，不論是搭設布景或拆收布景，一向由後場文、武場樂師負責。一如早年亂彈班的分工規矩。

在戲班負責管事，總有人情壓力。夫妻兩人雖說一年中大半時光盡在台南，戲班的根、演員們包括慶芳家，卻都是在北部。北部當時各班戲路正不逢時，常沒戲演，對一些還是在桃竹苗搭班的演員而言，爲了消減家庭生計的壓力，能南下多有幾天收入，也是好的。

「慶芳哥，續下來有哪幾日好做？」，「慶芳哥，你去幫我問頭家娘，到你那班做幾日，好莫？」每次聽到這些盼望深切的請託，慶芳總是無法拒絕。好在，台南演戲的時光，常需要有外班人來打破鑼。即使「新榮鳳」當年偶爾戲況稍淡，陳招妹還是肯讓慶芳找人來打破鑼，助演。演戲，陳招妹不會嫌人多，因爲台南人喜歡看武戲，好熱鬧。像張文聰（1942-）、彭勝雄[143]、溫三郎（1939-）[144]、林三郎、曾東成等人，先後都曾經在「新榮鳳」打破鑼。對這些正値壯年，一身技藝，當時卻是一遇淡季就可能沒戲可演的客家青年演員而言，「新榮鳳」像是一片浮板。

143　戲班行內人暱稱之爲「阿槌仔」。
144　戲班行內人暱稱之爲「賊仔三」。

當時這一些南下台南幫忙助演的演員，一開始多半來當武行，由於人手充裕，也不怕個別演員臨時拿翹，排戲齣的靈活度也相對很高。不作《鐵公雞》，就演《困土山》、《古城會》、《破洪洲》，隨時可換齣。只要處事公平，不怕沒有足夠的武行角色。因此，以前班內乃至於行內，大家都很尊重王慶芳。

那時在台南都搭戲棚演外台戲。戲班活動區域，主要在台南縣市，再向四方延伸。曾包含赤崁樓當地的天后宮，台南縣北門南鯤鯓、麻豆代天府、嘉義城隍廟、北港朝天宮、彰化南瑤宮、高雄三鳳宮、左營元帝廟（在街內，有大戲臺，後因道路拓寬拆除）等地，都是主要的戲路範圍。到處都去演戲，誰請就去那邊演。甚至於能夠因爲班主陳招妹因嫌錢少而不接，有所篩選的情況下，維持著相當程度的演出機會。如彰化員林的百姓公廟當時曾來請戲，即因戲酬條件不好，讓給「阿搥仔」彭勝雄的戲班去演。

（十）封 賞

戲班有人缺錢，要借「班底」，由老闆拿出一筆錢暫借，要等到年底才能跟戲班老闆開口。與早年「新榮鳳」在台南的時期不同，現在的戲班環境，演員每逢年底多少會拿班底，即使平常不缺錢的人，也會支借一點「班底」回家過年，可能拿一兩萬，比較缺錢用的人，可能會拿五六萬。「班底」固定於「謝館」，辦尾牙宴其間，才可以領走，但之前要預先說，讓班主有時間準備錢。班主也是在「謝館」結束後才發錢。

「新榮鳳」時，「借班底」的人並不多。戲班當時在台南演戲的機會很多，每個月至少有二十五天以上。除了農曆七月份台南少演「普渡戲」（鬼仔戲），當地才會沒戲可演，陳招妹也會事先回來桃竹苗地區領戲。演員幾乎是每天都能有收入，一班演員大家都有錢，自然也不需要拿「班底」救急。

在台南演戲，一年之中的大月、旺季，當時「新榮鳳」以一到六月、八月到十一月爲大月。至農曆十二月，台南當地風俗少有人請戲酬神，戲班因此不接戲，全班北返準備過年。

不同的大月之中，又以前半年的景況最爲興盛。農曆正月起，接二月、三月、四月、五月、六月，每天的演戲幾乎都不停，至少可演二十幾天。曾有一年，正三月演了二十九天，下接閏三月，又「演三十二天」。所謂「演三十二天」的原因，是因爲在這一個月內，不但三十天內每天都有戲約，而且還有請主爲了能請到「新榮鳳」的班，願意以兩天早上的演戲，等同一天的戲約，下午之後戲班另再履行其他請主的戲約。於是，這位願意讓戲班演早戲的請主，與戲班約定的兩天戲約，便於同地以連續四天早上演出，才算完成。也因此當年的閏三月才會「演三十二天」。

除了正常的演出酬勞收入以外。就像慶芳夫婦初到台南第一日演出，所見識到南部觀眾對於致贈演員賞金的大方。「新榮鳳」演戲，因爲在台南一帶有很多戲迷，大家會來貼賞錢。尤其當與不同戲班對台，演員的賞金更經常收到「會嚇死人」。班內最紅的范月鳳，逢遇對台演出時，個人收到的賞金，每一次至少都有一、兩萬元之譜，其他人至少也能有幾千塊。慶芳夫妻那時在台南賺錢，除了養家，所以還能存下餘錢回來苗栗蓋新屋，也是這個原因。

戲班遇上對台，戲台上常貼得滿滿的紅紙封與現金。以前的戲迷老友很熱情，只要是「新榮鳳」要與人對台，對手愈是有來頭，愈是吸引人，這邊台下的觀眾就會像拚面子一般，賞得更厲害，賞很多錢給戲班、演員。相形之下，當年台南的「新榮鳳」即成爲南部各大戲班重要的假想敵。每次遇到與「新榮鳳」對台，就得要準備特殊的噱頭，「拚場面」。

例如「新榮鳳」多次在安平當地與歌仔戲班對台。曾有一些歌仔班會調「サカス」(特技)作爲秘密武器，專程要來拚「中壢班」(「新榮鳳」)。演出前，這類風聲在地方上也會到處傳送。一些「新榮鳳」台南戲迷老友，怕「中壢班」沒人看會沒面子，還會動員親朋好友，甚至於工廠員工一起來看戲，捧場。不但自掏腰包，租賃兩、三部遊覽車，招待親友坐車去看戲。到安平當地，還另請人預先在戲台下排設椅子當觀眾座席。觀眾拼唱，開演之前便先聲奪人，氣勢上不能輸對手。演出時，台下這些戲迷老友就開始包賞金、拚面子，有演員個人的戲迷朋友會封賞，還有公司也會來貼賞。

「新榮鳳」因此在安平那裡很有名，對於其他南部戲班也一直有種壓力。接連很多年都是如此，就算沒有調「特技」加演，也會調很多小旦演員，增加全班的氣勢，才敢來和「新榮鳳」對台。因爲，每逢與其他劇團或演出團體對台時，當地有一批觀眾怕「中壢班」沒面子，會包遊覽車、會找觀眾專程捧場，作「新榮鳳」面子。

（十一）戲 箱

「新榮鳳」自從在台南發展，期間陸續培養出來一批忠實的觀眾，成爲戲班經營最有力的後盾。其中有演員精湛演技與新鮮劇目的因素，也有戲班以安平當地爲戲館，環境上的地利之便，還有班主陳招妹個人獨特的人際手腕。種種原因，讓「新榮鳳」在當地發展期間始終立於不敗之地。

戲館鄰近的媽祖廟有老人會。平常時間，一些戲班的老友會聚集在那邊，「新榮鳳」的演員早上不演戲的時光，會去找他們聊天。因爲一般戲友並不是每個人都敢上後台認識演員。台上台下，演員與觀眾彼此之間相互不認識，怎麼講話才能互動、熟悉，最初全賴陳招妹。

陳招妹與廟方接觸的過程，以及所租戲館就在鄰近的方便，注意到媽祖廟的老人會公園平常有各方來休憩的遊客，也有茶桌攤設供人消磨時光。來去之間，陳招妹與當地遊客，彼此從點頭問好日漸熟識。老人會公園遊客中有些原本就是固定會來看戲的觀眾，相熟後，對戲班也更加熟悉，進而有認同感，之後還會互相呼朋引伴。透過觀眾自己個人的人脈，朋友間也會互相介紹。

陳招妹的人面日益廣闊。認識陳招妹的觀眾，又會透過他再認識其他演員。在敬菸、喝茶、聊天的過程中，演員與觀眾之間從此建立起私人的情誼。在慶芳個人的觀察中，不同的演員與不同的觀眾戲迷間，各人有各人的緣分，當地觀眾也並非只欣賞「中壢班」一班的演員與演技，也可能欣賞別班。這些忠誠的戲迷觀眾，也不一定只欣賞某一個個別的演員，可能同時與班中許多演員都有交情。這些人，基於大家都是朋友的情形，演出時比較會刻意前來捧場。尤其當這些戲友早上來公園，親眼看到欣賞的演員，彼此又有互動，加上晚上戲又演得好，相對地，就更有好感。加上兩方彼此認識相熟後，若沒上班，即如一般朋友，彼此間會相互探問，交情也因常有聯絡、見面，日漸深厚。爲了表達個人對演員朋友演技的欣賞，更會大方地賞錢。有時，一次貼賞達三千、五千的情況都不是特例。

不同的演員與觀眾之間，也因此雖說彼此都有認識，但在交往的私交上，容易傾向更支持自己所喜愛的演員。譬如說，是「阿妹嫲」范月鳳的朋友，其他演員或許也來打招呼，相互之間也是請抽香菸、喝茶，但，買點吃食或請班人共進宵夜的情況或許有，打賞的賞金卻一定會賞給范月鳳。其他演員的情況也是如此。每天早上聊天、聯誼，晚上看戲。演出時覺得欣賞那個角色，經常就會有貼賞金給特定演員的情況。當時期，幾乎「新榮鳳」整班演員都有人貼賞過，即使官寶珠、官寶月才剛開始演戲的當時，也有賞金。全憑演員個人的緣份，以及私下與觀眾的互動。

慶芳在台南認識的戲迷之一，自己開貨運公司，本身也有開一部拖車，很疼惜演員，對慶芳也很好。當時只要一放暑假，貨車載貨有經過苗栗，就會主動幫忙帶王家的小孩到台南。暑假結束前，只要順路，也會幫忙載慶芳的小孩回苗栗。偶爾遇到慶芳夫婦要回苗栗家，貨運公司剛好又排有車班，發車北上送貨或載貨，也能夠坐上這位戲迷的車子回北。那時間，由於認識這位戲迷朋友可搭便車，光省下往返南北的車錢，就不知凡幾。

（十二）護 幼

即使是大月最忙碌的季節，「新榮鳳」也從不分班，將演員分成兩地演戲，兩組人手。因而在正常的戲約安排情況，常已經銜接得非常緊湊，請主若想延戲加演，劇團多半沒辦法接下戲約，只能婉拒。其次，只要不同戲約中間的間隔，剛好休息兩天，慶芳夫婦就會趕回家探望小孩。與慶芳夫婦的處境類似，「新榮鳳」班內其他演員的家庭多半都在北部桃竹苗，所以若有前後不相連的加演，團員一般都不願意，大家都想回家多玩一天，陪陪家人、小孩。

陳招妹所以不願意拆班分演，藉以領到更多的戲約，在於考慮演員拆開後，「分班」所演出的戲編制人數不齊，可能會變得不好看。加上「新榮鳳」在台南每一次排出的戲齣，都需要很多人演。少排人數不多的戲齣。因而，原有諸多的戲迷老友們也不願意，常說「拆棚戲」不好看。所以就算遇到大日，沒能順利趕上預約的請主出再多錢，「新榮鳳」也不分班兩頭演戲。故而對於當時期「新榮鳳」應戲的慣例而言，在台南，沒有所謂的大日，也不會有分班。再者，由於事先排定戲約已十分密集，請主延戲加演的情況，通常不可能會答應，就算偶遇加演，也要剛好之後有合適的空檔，才會接下戲約，接著演戲。

戲班當時在南部的活動模式，與北部略有不同，其中之一即由於當地不依賴「班長」引介戲路，而是透過觀眾口耳相傳的模式，推薦介紹。請主所延請戲班應付的戲金，既不經由「班長」或介紹者之手轉交，戲班也不必於所得酬勞中，分配作為仲介代價的酬金。[145]相反地，介紹戲班接洽演出的人士，本身

多為資深的老戲迷，與戲班彼此間多有長期的交情，於正式演出之際，還經常自掏腰包「貼賞」，以獎勵戲班。、

慶芳夫婦在台南生活，除了演戲，身邊還帶著四子明郎隨時照應，其餘三子則安置於春蘭三灣娘家。陳招妹租有戲館可供團員與家人歇住。明郎隨父母在「新榮鳳」生活，偶爾也上台跑跑龍套，在不同的演出中當過旗軍、馬夫。在慶芳的調教下，還能「搶背」、「扒麒麟」、「翻小關」等難度較高的身段，小演員在台南一時很是吃香，常有觀眾指名貼賞。直到八歲，明郎才被慶芳帶回苗栗三灣讀書，與兄長共同生活。第一次上台六歲。一如慶芳生母菊妹對下一代的態度，春蘭不願讓小孩再走上當戲班人這條路。明郎在戲台上翻翻滾滾，只當是逗小孩子開心的玩票遊戲。

（十三）理 班

戲班演員當年在「新榮鳳」演戲工作酬勞，非一般的月薪制度，而是依角色的重要性以及在班內的工作量，按日計酬。換言之，演員沒有演出，就沒有收入。但老闆必須提供、解決食宿的問題。請戲主支付演戲的酬金，也是由老闆收下後，於演出結束，再發放所有工作人員的酬勞。「新榮鳳」管帳、出納的工作，全由陳招妹一人親自負責。從收受「戲金」、算帳、發薪水，以及「公賞」146 的均分，除非班主不在，才換王慶芳幫忙處理。

當時班內演員之中，以范月鳳所領酬勞最豐，其次才是慶芳。雖說慶芳當時在班中需要協助處理的庶務最繁雜。當時的薪給比例，照行規以及戲班內實

145 戲班行內經由「班長」所介紹而成的戲約，依例需由戲金提撥一成作為「班長」介紹、仲介戲約的酬金，俗稱「草鞋錢」。

146 觀眾以戲班為單位致贈的賞金，即稱為「公賞」。

際情況，「王慶芳，出去一天領七十元。范月鳳就領八十元。」其次為其他的「幼角色」，如小旦。再次一級則是小生、大花、老生一類的「粗角色」，其次是其他更小的角色。雜務工作的酬勞，如管戲籠，則另計。這份錢從慶芳搭「新榮鳳」當初，即是如此。所以王慶芳的職務雖說需要排戲兼演戲，「新榮鳳」也需要慶芳提供戲齣，但仍不會比范月鳳這種正紅的演員高薪。

慶芳在「新榮鳳」了十年，講了很多戲。講過出的戲齣，屬於「古冊」（演義小說）類型其中部分為：《施公案》、《彭公案》、《下三國》（《戰荊洲》、《三國戰》、《劉表歸天》、《關公斬子》）⋯。其中有的戲齣情節可以連著三、四本，就可以演三、四天。其中完整成套，如《下三國》，最後演到劉備拿到荊州，全劇結束。情節，曲、詞演員自己臨場編。沒唱歌仔，非京戲，可隨人專長，唱亂彈或京調。

為戲班排新編戲齣，部分經驗自電影吸收而來，部分則是獲自看演義小說的心得。借演義小說情節為題材的戲齣有：《蕭太后歸天》、《高懷亮大戰高懷德》。另外一齣《母之罪》，則是早先在「錦上花」作「打破鑼」戲時，看別人演，吸收撿回來，排戲，很好看的一齣戲。花旦多，妖婦，有冤仇、奇情。過去在「老新興」時期不曾演過，只是存在於構想中，因角色不太適合。

《蕭太后歸天》是在「富岡戲院」演戲時，由閱讀古冊《北宋楊家將》後所得，編排成戲。在「新榮鳳」所編，由葉玉騰演楊四郎與「阿妹嫲」范月鳳兩人對手主演。「阿妹嫲」演此齣當時，「很衝、很多觀眾捧場」。慶芳曾調陳秋玉下台南演戲，也演過這齣戲，回來北部自己撿去「歌仔班」、「採茶班」其他戲班運用，日後葉玉騰也撿去作。慶芳自己還曾在後龍看到不相熟的歌仔戲班演過這齣《蕭太后歸天》。另《高懷亮大戰高懷德》一齣，是慶芳看古冊《南宋飛龍傳》，編演宋朝初年高懷亮大戰高懷德的演義故事。劇情演高懷亮因要為父報仇，反宋，與高懷德兩人因此兄弟感情失和，進而大戰互爭高下的故事。幫「新榮鳳」編排的戲齣，之後在「新永安」搭班時，也曾拿《高懷亮大戰高懷德》在該班演過。

亂彈戲齣改作的戲齣。慶芳拿亂彈戲齣改編重排的劇目，大部分都用在「新榮鳳」住班時期。當時的講戲亂彈戲齣因為現成熟悉，比較多。大部分都是演過一次就沒再做了。以前「新榮鳳」的人比較多，說亂彈戲一些「六大柱」147觀眾以戲班為單位致贈的賞金，即稱為「公賞」。全攬的大齣戲，比較好講，例如曾說過的《紫台山》(《郡馬下油鍋》)這樣一齣角色眾多的戲，人手不足便不容易演好。

排《鐵板記》，由官寶珠飾演劇中含冤而死的小妾（小旦）、賴英子演惡心腸的正妻(正旦)148，義僕秋香(小旦)則由李寶蓮負責，葉玉騰擔任老生。其餘如《麒麟山》、《斬李廣反慶陽》，也是慶芳在「新榮鳳」期間排演過的劇目，日後又再在「榮興客家採茶劇團」排演。《忠義節》在「新榮鳳」講戲排演出後，被鍾進財撿去另在別的戲班演。排戲要看角色，例如苦旦不適合花臉，丑不適老爺，即使敢硬做，扮相、氣派都會不一樣，味道出不來。

(十四) 保 主

《三進宮》楊波與徐延昭二人「為保幼主江山」，連番入宮，攜手合力，帷幄運籌終得效果，重新恢復原本岌岌可危的江山。1960年代北部的戲班，無力承受時代變遷的衝擊，接連散離。原本在內台發展的劇團不敵電影、歌舞團、電視一波接著一波娛樂新浪潮的沖刷，連外台民戲的市場也急遽萎縮。「新榮鳳」因為機緣巧合，活動重心得以轉移至南部，兼以原本舊時區域作為調節淡、旺季戲路的補充據點。南北酬神活動歲時文化的差異，也適時地成了外在的優勢條件，造就「新榮鳳」十餘年的興盛期。

至1980年代初，劉元洲個人的財務發生問題。班主家庭經濟的因素，連帶影響了劇團的營運。雖說陳招妹的演出班務，之前一向交由慶芳在處理、負責，在「新榮鳳」感覺上很吃得開。加上以往伯母陳招妹領到戲，
北部班演員逢小月沒戲時，就找慶芳拜託給點戲演。原本陳招妹個人獨資經營戲班，此刻準備與姜金水合股，加上為了節約開銷，把一些老角色都換掉，換

147 「六大柱」：老生、正旦、大花、小生、小旦、小花。
148 賴英子所飾角色行當，也可稱為「反旦」，但在亂彈戲中，一向屬於正旦負責的戲份。

上新演員。這些變化讓慶芳覺得困擾、不快，因而決定出班。爲此，伯母陳招妹當時還十分傷心，抱怨慶芳夫婦如果這時出班，他會很辛苦。

自己並非不曉得班主此刻的難題，但班內同仁的處境，也讓他不知如何是好，知道陳招妹因劉元洲的緣故，已有放掉「新榮鳳」的打算，曾經動過念頭，找同事集資，接手整班。但終究沒有成議。離開後，「新榮鳳」由陳招妹與姜金水合股。[149]姜金水，竹東人，曾於1950年代組過「竹勝園」。[150]

149 另據學者徐亞湘研究，陳招妹於1979年因年事漸高，將「新榮鳳」執業牌照、戲籠以新台幣五萬元代價賣與八德「義芳歌劇團」老闆黃芳義。見徐亞湘，《桃園縣戲曲發展史》（未刊）。2002。頁34。

150 見蘇秀婷，《台灣客家改良戲之研究—以桃、竹、苗三縣爲例桃園縣戲曲發展史》，台南：國立成功大學藝術研究所碩士論文（未刊）。1999。頁50。

圖 7-4　左起王麗君、王慶芳。後為「新榮鳳」戲館，座落於台南市天后宮前一民宅。攝於 1971 年。

八、甘露寺

上山擒猛虎，下海捉蛟龍。
別的歌兒我不唱，單單唱個山芙蓉。

《甘露寺》151

（一）催促

1981年自台南北返，讓張玉梅（「阿梅」）請到「金興社」。那時，慶芳先去，春蘭還沒入班，還在「新榮鳳」，一直到過年後，才跟著正式轉到「金興社」。「狗哥」陳玉平當時正在「金興社」班裡當導演。兩人不斷地催促，慶芳決心先行北上。爲免意外兩頭落空，春蘭則仍暫時留在「新榮鳳」，等一切安排定，兩人再重行於北部發展。

陳玉平稍早曾於林福來(1935-)所組「日月光」白字戲童伶班教導身段。152眼下與劉玉鶯（1936- ）153夫妻倆同在「金興社」搭班。老班主徐金舉夫妻此時，過世已有一段時間。眼下由徐家下一代徐先亮繼承、掌理班務。慶芳以前內台班「老新興」時代曾有的鋒芒，「新榮鳳」台南時期的忙碌，這時已成生命記憶的一部份。春蘭一再叮嚀慶芳，眼下賺戲班錢已不比過去容易，夫妻倆之前在台南積攢下的一點儲蓄，不能輕易花散掉。來到「金興社」，慶芳夫妻準備專心只當個演員，求安穩度日。

慶芳自忖，「金興社」有「狗哥」玉平當導演兼管戲場，分派戲份，彼此互相都能照應。慶芳夫妻入班後，大部分時間也都會協助陳玉平處理戲場的一些雜務，偶爾也會幫忙排幾齣戲。陳、王兩家沒有分彼此。當初排《龍潭奇案》男女主角演員，林三郎、徐夏子，這時仍在「金興社」。

151 亂彈戲《甘露寺》衆侍女於劉備、孫尚香酒宴前歌舞唱段。

152 見徐亞湘，《桃園縣戲曲發展史》（未刊）。2002。頁70。

153 後龍東社人，「再復興」亂彈班出身，其父爲亂彈戲班界著名花臉演員，劉銘旺，人稱「大花旺」。

當時的「金興社」主要成員仍以徐家家族爲主，之外再有慶芳等其他演員。但大體上，彼此間多半有些淵源。班中演員，屬徐家家族成員者，有：徐夏子、林三郎夫婦，徐秋子（1949- ）、李國雄夫婦，張金蘭（徐先亮妻）。其他，陳玉平、劉玉鶯夫婦，王慶芳、李春蘭夫婦，陳林達、林彩雲夫婦，以及張玉梅。後場樂師中，徐先亮自己負責武場下手銅鑼。

早些年，當「金興社」還在徐金舉手上之時，班內固定班底則有，徐金彩、巫德明、蔡梅發、張玉梅、李國雄、徐夏子、林三郎、王成宗、徐金舉、徐先亮等人；徐金舉妻陳九妹則負責服飾衣箱籠的管理。154慶芳夫妻在「新榮鳳」住班十年後，回北待「金興社」，住班時間前後共三年，後來被「新永安」請去。陳玉平、劉玉鶯夫婦也在當時期離開「金興社」。出班之後，「狗哥」曾與劉玉鶯在台北「陳美雲班」待過一陣子，不久劉玉鶯又改搭宜蘭班，繼而在「榮興客家採茶劇團」住班。

（二）傳 徒

頭份「新永安」找慶芳夫婦入班後，經歷兩任老闆，前後共待四五年。才入班當時的班主江天旺（1917-）155、王瑞秋夫婦。之後，「新永安」另由劉阿對（1938？-）、吳在賢兩人合股買下，新班主留人，又住了一段時期才另轉他班。江天旺、王瑞秋夫婦，人稱「阿旺」、「阿秋」，劉阿對、吳在賢，人稱「阿攸」、「阿林」。除「阿林」外，其餘都是演員出身。

猶如《甘露寺》之中的喬國老，離開「新榮鳳」之後的慶芳，在不同的戲班裡還是相當具有影響力，同業之間對慶芳夫婦，特別是春蘭，一向極爲親近。春蘭隨和又處處爲人設想的性格，總令人感到十分親切。雖然還是有影響力，慶芳對於演出的想法，卻選擇逐漸退離舞台中心，想著年歲日增，總覺得在舞台上不能盡如年輕時代那般耀眼，逐漸改採韜光養晦的作法，也

154 見徐亞湘，《桃園縣戲曲發展史》（未刊）。2002。頁 30。

155 江天旺，「廣東宜人園」出身，晚年於桃園「金鳳歌劇團」住班，擔任導演。見徐亞湘，《桃園縣戲曲發展史》（未刊）。2002。頁 79。

嘗試栽培新人，讓更年輕的演員能夠出頭。其中，帶領復興劇校畢業的曾欽瑞學客家戲，是他第一次傳徒的嘗試。

那時王慶芳在「新永安」。要去埔頂演三天的《三國志》，「阿攸」劉阿對就跟王慶芳說，「我們領得這三天戲，下午演《三國志》，要找武腳（武行）」，那時慶芳這方面認識很多人，隨即打電話給「賴皮」156來助演，「賴皮」也答應要接戲，後來打電話來說，已領了別人的戲不能來，但又介紹他兩個同學來演戲，分別是曾欽瑞、金相申兩人。當年復興劇校畢業的曾欽瑞，已當完兵後退伍。過去在復興劇校學戲，武戲很好，但退伍後，他的父母親本希望他進工廠找份工作，但他不願意。他說辛苦學了七八年的戲，一回來就叫他去工廠，浪費了過去以來的苦功。

武行調來班裡，曾欽瑞因當兵剛回來，臨場感覺比較生疏，也聽不懂客家話、台語，慶芳先就所演情節慢慢與他套戲。注意到，這台南來的曾欽瑞很認眞，來班三日間，不但盡力準備自己的戲份，也到處看人演戲。之後「阿秋」（王瑞秋，老闆娘）問起曾欽瑞工作現況。他回答現在剛退伍，父親叫他上班，但他不願意，辛苦學的戲，不想就這樣放棄。於是「阿秋」建議曾欽瑞來「新永安」學戲，還建議曾欽瑞拜王慶芳爲師。「阿秋」講起曾欽瑞的事情，慶芳才知道他不但剛當兵回來，還有意願繼續學戲，現在跟同學住在一起。同意授徒之後，慶芳找曾欽瑞，表示來日起，「有戲就演戲」，沒戲演時，先到王慶芳家同住，一邊學戲齣，一邊學戲班慣用的語言。

雖然原本閩、客兩種語言都不通，但曾欽瑞來到王家後，對於學戲的事，一直十分勤勉。才教沒多久，曾欽瑞就可以演武生。當時所教戲齣，如《蘇英掛帥》王芳、《昇亭嶺》小霸王一類角色，皆屬於重武打帶唱唸戲的角色。另一方面，慶芳除了帶戲，也一直教他學會說台語，用台語演戲。教導口白的過程，慶芳本人先說一段，叫他寫出來，再用念劇本的方式念，直到熟悉爲止。曾欽瑞不久後正式入「新永安」，後來「改良戲」武生演得棒，口白、身段也好。

等到曾欽瑞在「新永安」已能夠流暢地用台語演戲之後，「阿秋」還跟曾

---

156 「賴皮」，「德泰歌劇團」李國雄女婿「小六」賴紀康的兄長。

欽瑞建議，乾脆拜王慶芳爲義父，作他義子。問過慶芳本人的意思。王家同意後，曾欽瑞正式準備牲禮，認王慶芳爲義父。先前曾欽瑞拜王慶芳爲師，反而沒有辦牲禮正式磕頭。

「阿秋」夫婦發生經濟困難之後，戲班不能繼續維持，想要賣班。班人「阿攸」買下戲班。「阿攸」女兒黃秋琴（與前夫所生女兒）國中畢業後，來班隨團學戲。同班期間曾欽瑞、黃秋琴戀愛，娶「阿攸」的女兒。黃秋琴在戲班期間學戲，也是慶芳負責調教的。因爲義子「阿欽」（曾欽瑞）娶黃秋琴的淵源，「阿攸」與慶芳兩家從此以「親家」相稱。

（三）動 念

才入「新永安」當時，在班主還是江天旺、王瑞秋夫婦的時代。「新永安」就是專演改良戲的採茶班，偶爾也兼演歌仔戲，端視所領到的戲約是在客庄，還是閩庄。在客庄，就演改良採茶，入閩庄，就演歌仔戲。

「阿旺」主持「新永安」班務當時，班裡的演員，有王瑞秋、江天旺夫婦，王如鼎、「阿圭」夫婦，王慶芳、李春蘭夫婦、劉阿對、張玉梅（小生）、黃鳳珍、黃天敏（1934-）、林阿蘭、謝玉蘭157。後場伴奏樂隊四人，其中文場頭手何木山，下手絃「廖仔」。武場頭手鼓何石榮。

到「阿攸」、「阿林」主持「新永安」的時代後。演員又有變動。幾經來去，班裡的演員，有王慶芳、李春蘭夫婦、王瑞秋、江天旺夫婦，黃天敏、張玉梅，以及小旦劉雪惠。後場樂師，「頭手弦吹」巫森雄、「頭手鼓」呂坤生158、「下手銅鑼」鍾燕飛（1933- ）、鍾燕林（1938- ）。另「下手弦吹」則是妻子在幫「新永安」煮飯的「廖仔」。 鍾燕飛、鍾燕林兩人爲親兄弟，鍾燕飛被「阿槌」的戲班挖走後，才又找來鍾燕林負責打銅鑼下手。鍾燕林：銅鑼，王慶芳教介頭，初到時不太會打。何石榮出班後，由呂坤生接替其職務，負責打頭手鼓，不久，鍾燕林入班接替鍾燕飛來打銅鑼。

---

157 人稱「阿蘭」的謝玉蘭，工苦旦。爲著名亂彈戲老生「客人憨」謝長坤之女。謝長坤所育二女分嫁劉勝龍、陳居順「牛車順」，其中謝玉蘭嫁劉勝龍。

158 呂坤生之後出班，另改搭「錦上花」。

「新永安」老闆江天旺要賣戲班當時，曾詢問過慶芳買班的意願。慶芳也曾動買下「新永安」的念頭，還沒決定，同班演員，桃園劉阿對「阿攸」和他妹夫隨即又出面表示意願，慶芳本以爲可以和他們合股，但對方無意願，因而作罷。「阿攸」與「阿林」吳在賢一起整班後，擔心班內演員隨慶芳夫婦跑掉。「阿林」還特意跟慶芳說，買下「新永安」，還是要請慶芳與大家繼續留下來幫忙，不然他不想買。總以人和爲優先的慶芳，只好答應不走，繼續幫他領班。「阿林」將戲班「管戲場」的工作交給王慶芳發落，原本就不演戲的他則一人開著貨車，在外四處打戲路。只要送貨經過任何廟宇，就會下車遞名片、談戲路，爲戲班宣傳並嘗試接觸演出的機會。

「新永安」以往由「阿秋」自己打戲路。也作謝桂香接來的戲約。易主之後，大部分都是「阿林」自己去打戲路。人說「當老闆要有三年好運」，那時劉阿對、吳在賢兩人整班之初，「賺錢很多，戲路接很多」。

（四）智 阻

慶芳曾有三次動起整班自己當老闆的念頭。「新永安」老闆江天旺似乎被人陷害致使經濟出現困難，幾乎要「走路」，不得已賣戲班，找慶芳接手買班，是第三次。這次準備起班，所以打消念頭，除了劉阿對也表示接手的意願之外，更重要的還是春蘭反對。春蘭反對的原因與理由，則是因爲慶芳個性上容易操煩，「會短命」。春蘭認爲慶芳面對一班依靠戲班生活的演員，一旦主持戲班，若沒有打出豐富的戲路給演員唱，必定寢食難安。慶芳覺得妻子勸阻的話也很有道理，就不再堅持。

至於之前兩次意圖整班的經驗，其中第一次：「老新興」要散班，班內如鍾進財等年紀相仿的演員，都勸王慶芳接手。整班，慶芳想把「老新興」拿下來，繼續經營。後因春蘭不贊成，作罷。

第二次：從「新榮鳳」出班之前，吳美玉、吳龍泉、林慶龍、賴英子、李煌土五人找慶芳合股，接下陳招妹的班。當時六人共分成五股，其中林慶龍、賴英子夫婦一股。六人私下幾番討論，多有進展，甚至於打算買下台北「寶華興」的戲籠、新訂製戲服，用以加強班內演出的門面。透過曾於台北住班的吳美玉聯絡，一齊包車北上，由慶芳出面墊付了五萬多元，分別爲買戲籠、訂購

「改良甲」戲服的定金，以及來回車資等開銷。

回台南後，春蘭問起，知道與慶芳合股的對象之後，覺得合股不妥，屆時可能會有很多波折，感到十分擔憂。果然，才定好預購行頭，就有人陸續反悔整班，159 想要退股，其他仍在的股東也因此沒有幫忙出錢。各人一時意見紛紛，慶芳於是打消整班的念頭。買「寶華興」戲籠的定金退不成，再請吳美玉取消之前北上於台北訂作的戲服。160由於對方加上繡好兩件「改良甲」，於是王慶芳以已付的一萬多元定金，補足差額，買下這兩件戲服，並請對方不要繼續製作。兩件戲服一件定價九千，兩件一萬八。加上來回車錢、開銷都是王慶芳先墊，前後總共賠了約五萬多。第三次，於「新永安」住班時期發生。

幾次動念，全因春蘭阻攔，沒有進一步堅持。慶芳自忖，全中壢、桃、竹、苗地區的戲班人，都相當尊重王慶芳夫婦。幾次所住戲班有狀況，大家都因此請他整班，加上「新榮鳳」十年積攢，一時也不缺錢，手頭也還寬裕，有點儲蓄。春蘭始終想得比較長遠，一向不答應王慶芳整班。每勸慶芳，說：「大家即使眼下都尊重王慶芳，但遇到困難時，親兄弟也會爲錢破壞關係，更別說是朋友。若整班，大家一開始必定都說會來幫忙，但等到有困難之時，一旦出事，大家一定會離開，到時就只剩下你一人。」戲裡，三國東吳周瑜唱「幾番用計計不成」161，王家的女諸葛，春蘭，始終以智慧預先察覺潛藏的困難。慶芳至今仍覺得妻子當時是明智的。

（五）人 情

自1980年代以後的客家戲班，有如春秋戰國。不同的戲班起起伏伏，不同的班主老闆換來換去。「小榮鳳」（冉順班）出身的鄭長庚也曾有「金龍」、

---

159 當時的股東之中，林慶龍、賴英子夫妻最早決定退股。因爲各人回戲班後，賴英子母始終不認爲整班能成，力勸林慶龍退股。賴英子之母爲慶芳生母娘家親戚，王慶芳稱之爲阿姨。

160 不確知在哪家繡庄商號訂作的，只知是向一外省人訂作戲服，該繡庄位在「中華商場」附近。按，「中華商場」位於台北市中華路上，1980 年代因興建捷運拆除。

161 《黃鶴樓》周瑜唱詞。

「正新興」兩張戲班牌。162 1990年，「勝美歌劇團」出身的李國雄，向苗栗張有財買下「德泰」的戲籠與牌照，起班。163「德泰」的牌照從張阿來、張有財，幾度易主，到李國雄。人稱客家班戲狀元，花臉、老生都擅演的吳炳明，入「新榮鳳」之前，從「阿李旦」手上買班，自己在中壢也曾組過一個戲班「泰鵬」；原本屬劉阿對所組的「新永安」，在1999年代中葉，也賣給曾東成，164 之前因江天旺轉賣讓出，才到劉阿對手上。

過帖的結拜兄弟起班，慶芳入「德泰」當導演「管戲場」。帶著戲班四處演出。慶芳想起當時，覺得從頭講起，好像在討人情，卻也不算討人情。兩人總算也是結拜兄弟。國雄的女兒、兒子當初學戲，兩人都是慶芳一手親自調教出來的。帶著李家的「德泰」演戲，國雄、秋子兩夫妻雖說是老闆，爲了多賺一些錢，常常不能在班，得另外趕喪葬陣頭，作「孝女」，有時趕不上，甚至於沒回來演戲，整個戲班都由慶芳夫婦幫忙張羅上下。

「德泰」當時班內演員、樂師多爲客家人，有：王雲蘭、何木山夫婦，王慶芳、李春蘭夫婦，張文聰、陳秋玉夫婦，溫三郎、林金枝（金鳳）夫婦，165「阿霞」（中壢人，攻老旦）、林春萍（演阿丑）、「阿銀妹」（花旦）。另外，加上李家，李國雄、徐秋子夫妻，國雄的女兒、兒子，「咪咪」李美君（當時剛入班學戲）、李正雄（么子李正光當還沒入行），以及之後成爲李家女婿的「小六」賴紀康等人。後場樂師與編制，「頭手鼓」王國麟、「下手銅鑼」李慶銓、「頭手弦」何木山（王雲蘭夫）、「下手弦」李文正（父李慶銓）。

此時，以往戲班一些分工的規矩已逐漸打破。「新永安」、「德泰」的布景就由班員大家幫忙裝卸，不再是樂師的工作。至於探詢戲路的部分，最初原由張有財幫忙找一些，起班第一年由慶芳牽線，又幫忙找了一些演出機會。第

---

162 鄭長庚「正新興」的戲牌，之後被中壢水尾賴阿富（1917-）買走。見徐亞湘，《桃園縣戲曲發展史》（未刊）。2002。頁71。

163 見徐亞湘，《桃園縣戲曲發展史》（未刊）。2002。頁96。

164 見蘇秀婷，《台灣客家改良戲之研究－以桃、竹、苗三縣爲例》，台南：國立成功大學藝術研究所碩士論文（未刊）。1999。頁49、51。

165 林金枝母爲著名採茶戲藝人林貴妹。溫三郎入贅林家。見鄭榮興編，《苗栗縣客家戲曲發展史．田野日誌》，苗栗：苗栗縣立文化中心。1999。頁183-203。

二年起，由李國雄夫妻，以及領戲的「班長」如「賣茶米」、謝桂香等人打戲路。

(六) 營 生

生身父母江玉寶、黃菊妹，離開許光前與金泉伯（劉金泉）合股的「三義園」後，晚年長期搭班「新勝園」。傳統戲的「戲園班」早無「內台」的風光，戲班易主之後，菊妹即退休在家帶孫子，玉寶則仍繼續搭班好些年，直到失去記憶，對於許多藝人而言，演戲只是餬口營生的工作，母親黃菊妹六十幾歲之際，決定離開戲班。

「新勝園」，最早由黃木通（歿）組班，之後再有陳昇虎（歿）166 接手。菊妹、玉寶當時同搭黃木通班。經營一段時間之後，黃木通脫手「新勝園」，轉賣給圈內同行陳昇虎。戲班賣出後，菊妹隨即決定退休、出班。當時，班中台柱有江玉寶跟張有財、張阿來等人，繼續搭陳昇虎的班。由班主陳昇虎負責四處領戲。繼陳昇虎之後，張阿來夫妻於苗栗起班，組「德泰」，把張有財（1938-）、戴淑枝夫妻先調回來，後又找江玉寶回來搭班。

離開「金興社」，來在「德泰」，前後待約三年左右，由於黃天敏出面相邀，慶芳另又轉入「新永光」，夫婦分在「新永光」、「德泰」兩地搭班。之後，待了兩年多，慶芳再回「德泰」。入「德泰」之前，「德泰」原本爲苗栗班。生父江玉寶直至七十三、四歲，因生病才離開戲班，停止演戲。最後搭的是「德泰」（阿財叔、張阿來整的班），期間，慶芳曾多次至「德泰」打破鑼。「德泰」戲班賣給住桃園的李國雄、徐秋子夫婦後，張阿來先離開戲班後，江玉寶隨後也出班。大半輩子演戲，與生父一生的戲班人生，始終只是偶遇，緣分不深。慶芳說不出其中眞確的感受，只能說都是爲了生活。義子曾欽瑞、黃秋琴夫婦，爲了生活，在慶芳轉「德泰」住班的一兩年後，也離開「新永安」，轉行。

166 採茶戲藝人陳日春（歿）之父。昇虎外孫李文勳，現於國立台灣戲曲專科學校客家戲科擔任教職。

五十七歲正式進「榮興客家採茶劇團」。春蘭仍在「德泰」，沒待過「榮興」，半年後李春蘭歿。初來「榮興客家採茶劇團」當年，因爲家中經濟的問題，慶芳曾在徵得鄭榮興校長諒解後，又回去「德泰」待半年，過年後，才轉回「榮興」迄今，已待了十年。春蘭當時不能同往「新永光」、「榮興」，是因爲「德泰」李國雄夫婦在經濟上幫了不少忙，欠了人情，預借的班底也還有部分沒還。這是慶芳與春蘭婚後以來，第一次不能在同戲班工作。

（七）黃 膭

進入「榮興客家採茶劇團」之後，還兼著演出，偶爾幫忙說戲、編腔，身處對於閩客比鄰混居的區域，慶芳對於採茶戲，甚至於更老式的三腳採茶，本不陌生，早在「從小的時候，廟裡來演亂彈戲，以前亂彈戲口白講正字，不是講這白話，有些婦人家聽沒有，有的老伯姆，老人家就自己掏腰包，拿錢請三腳採茶來做三腳採茶給這些老人家看。」167 年輕時在「新全陞」時期，也見識過北部老觀眾要求亂彈戲班演歌仔戲齣的情況。這些經驗造就慶芳對於不同劇種之間的特性與差異，有更深一層的體會。

在「老新興」、「新榮鳳」時期以來，在不同戲班長年擔任編導、說戲的經歷，同樣讓慶芳更能夠務實地掌握戲班演出在藝術內容，以及不同班員個人條件之間，結合可能的搭配條件。甚至於，長年負責演出事務養成的習慣，造就自己在班中面對演出過程更加敏感，偶爾某些臨時的小角色，一旦沒人主動擔當，緊急披了戲衫，自己就墊檔上場接著演下去。演戲害怕冷場，尤其不能斷掉。

在「榮興」的外台戲，實際上還是需要負責排戲齣的慶芳，有時會拿所學亂彈戲齣改作改良採茶劇目。這些改編的戲齣有《麒麟山》、《反慶陽》168 等。少年時期在舞台上的風光，致使頭份一帶曾有以慶芳爲緣由的俗諺流傳。一句

---

167 轉引自蘇秀婷《台灣客家採茶戲之研究》，國立成功大學藝術研究所碩士論文。（未刊）。1999。頁 86。

168 一名《斬李廣》。

「看黃（亡）臏仔」，源自於「老新興」當年演內台，觀眾買票看要有王慶芳飾演孫臏的《孫龐演義》，去演義民爺戲的慶芳不在戲台上，觀眾沒有好戲看，大為不滿，之後才傳出的諺語，意指為看到替手演的戲等於沒見著孫臏。進而衍生指不實在的事。對於慶芳現在的想法而言，演員演戲如果不認眞、敬業，對觀眾而言，就是看「看黃（亡）臏仔」。慶芳要求自己不論演任何大、小角色，都須由敬業為起點，讓整個「戲場」一切順利、流暢。

圖 8-1　王慶芳於「榮興客家採茶劇團」演出《花燈姻緣》劇照。

九、 羅卜挑經

南柯一夢熟黃梁、堪嘆人生世無常。
有生有死皆由命，無貧無富也無常。

《挑經》169

（一）挑 經

不論亂彈戲、四平戲，俱無《挑經》、《擔經》一類的戲齣。

對於科儀性戲曲演出活動的參與，對於王慶芳而言，主要當然還是基於經濟收入的考量。傳統戲曲演出的機會，與年輕時期所看到的景況相較，當然不可同日而語，但自幼演戲至今，心中其實仍有期待。

但，除了戲班的演出之外，平常不演戲的日子裡，所以另逐漸參與道壇的工作，為的是貼補生活。這份收入是在演戲的機會逐漸減少的情況下，餘外的工作機會。參與道壇法事，慶芳多與後龍街上余家「法顯壇」合作。後龍、竹南屬苗栗海線，本地閩南人生命禮俗中的喪俗，與客家人找「香花和尚」超渡亡者的例俗不同。是由俗稱「黑頭道士」的道壇主持、辦理喪儀。

本地道士主持的喪儀法會，連串的科儀中，有一「目連挑經」（或稱「挑經」）戲劇性科儀節目。再者，就演出「目連戲」《羅卜挑經》的時機與順序而言，常是整晚的的喪葬科儀中，最末的一段。近年「法顯壇」每次應喪家之請，執行喪葬法事科儀，其中的「目連戲」《羅卜挑經》，都由王慶芳負責。

王慶芳於《羅卜挑經》所演出內容，由一名為羅卜的角色，另搭配樂師完成。演出中，飾演羅卜者，身著僧袍，肩挑亡者靈位以及經懺，緩步踱出，直到面對亡者家屬，首先將扮飾角色身份、亡者身份分別交代，繼而建立兩者間

169 道教度亡科儀法事戲《挑經》，羅卜上場誦偈。按，出自《太上召魂沐浴科儀》。

的聯繫關係後。開始講述孝道故事。這些強調孝道故事的內容，於每次演出，大約講述三則。主要多出自傳統「廿四孝」的故事情節，再於演出時隨表演者各人的理解與表演能力，加以潤飾、補充。

圖 9-1　王慶芳參與「法顯壇」執行喪葬科儀法事。

（二）度　人

與後龍余家「法顯壇」，由雙方一開始試探性的合作，至今，已不僅止於一兩個簡單的科儀節目，也不限於喪葬科儀活動。王慶芳在「法顯壇」所承接的宗教儀式活動中，除比較複雜的科儀儀程主持工作外，其餘大多皆能夠勝任。〔圖 9-1〕以喪葬科儀法事爲例，「法顯壇」平常爲喪家執行的喪儀法事中，逢簡略的「作七」170，需誦《度人經》、《水懺》（三本），有時即委由王慶芳獨自負責完成。

余家「法顯壇」，主要成員以余燈煌、余神威、余神聖、余秋雄一家爲主。參與余家「法顯壇」的法事活動之前，最早與道壇的接觸，開始於「普玄壇」。學習參與法事的執行，一開始從「站牛」的位置做起。與主持全場法事的「中尊」，或協助「中尊」的兩班「都講」，「站牛」只算得上「道僮」。跟著儀式主事，隨聲應和。後龍吳家「普玄壇」與慶芳的合作，純粹爲補充人手。除了吳文恭（「吳老師」）私下多有指導，其餘少有人爲慶芳講解科儀。與

170　本地民間喪事功德儀程，又名「作旬」，死者往生後，自身故日算起，逢七日爲一「旬」，須辦理誦經薦拔法會，分爲「頭七」、「二七」、「三七」、「四七」、「五七」、「六七」、「七七」七次，其中「七七」又稱「完旬」，以一、三、五、七爲「大旬」，餘爲「小旬」。

「普玄壇」合作期間，「法顯壇」也來接觸。余家兄弟對慶芳在法事科儀上的疑惑，從未保留。之後，專心以「法顯壇」爲合作對象。

余家「法顯壇」的余燈煌老先生，高齡。童年時期，余家「法顯壇」鄰近正有李樅在教亂彈童伶班。有些過去的亂彈老演員，於童騃之年起，與余燈煌即已熟識。有些前輩，是慶芳全然不熟悉的老人。

（三）別 家

春蘭，1995年四月十八日歿。做爲家庭的支柱，唱了一輩子的戲，平常即使生病也少休息。過世之前，已有發燒的徵兆，抱病還隨「德泰」去南庄水美當地「白雲寺」唱戲。

演戲間，春蘭在台上突然病倒。「德泰」同班友人幫忙送去看病。載到衛生所，打針。醫生勸春蘭務必要休息，不能太勞累。送頭份「礦工病院」(「爲恭紀念醫院」)辦理住院，一個禮拜後，轉送林口長庚醫院，開刀。住院十天，出院休養。回家一個禮拜後，回診，更換喉部開刀處的插管。更換過新的插管，回家。回來後春蘭一人在房休息，夜深，慶芳在客廳看著電視放鬆心情，子女們都已就寢。房門打開，春蘭摀口急疾步走向客廳。慶芳驚見春蘭「嘔紅」。不住的鮮血自妻子口中湧出，噴血如泉。驚呼，送醫、不治。幼時即會唱山歌採茶，不喜歡照相，個性害羞的結髮妻子匆忙地走了。

（四）枝 葉

1968年，民國五十七年，農閏七月二十四日，王家迎接慶芳四子王明郎誕生。但，習慣於幕後打理瑣務，出身南投埔里的潘清金，也在同年於東社自家中辭世，留下王進與子、媳。春蘭與慶芳夫妻當時不過是三十歲上下，一對年輕夫妻，卻已經歷遍一個戲班由盛而衰的浪頭。

回憶及從前退伍之際，一度曾有同袍找他一齊到高雄工廠上班，那時，慶芳有寫信給養父提到去工廠上班的念頭。王進回信說回來再談。退伍後，王慶芳因覺得演戲辛苦，又有很多小孩要養，又想到入工廠上班，王進則說「你一個月要賺多少錢給我？」那時，演戲一個月收入大概三五百元，同袍的工廠在南部作紙板，月薪九百元，但王進不肯。改行的念頭因而作罷，繼續演戲。退伍後的王慶芳二十四歲，李春蘭二十一歲，清金建議慶芳兩夫妻一起繼續演戲，由於當時正年輕，李春蘭又漂亮，因爲王進年紀已大，如果戲班要請戲，也是找慶芳夫妻，不會專找老人出門演戲的。演戲賺錢，兼而順便得以照顧父母親，想通這層道理，慶芳就此打消上班領薪水的念頭。

養父王進生日，與「知仔叔」鍾阿知同年，但晚了幾個月，比較小，1970年舊曆六月廿六日歿，壽六十有六。別世當時，身邊只有孫子一人，釗淵，王慶芳長子。餘人皆不在家。慶芳夫婦在外演戲。當時就讀於新港國小三年級的釗淵發現在家養病的祖父異狀，驚呼鄰人幫忙。老人已氣絕在自家廳前，夏日午後。

王進過世之際，慶芳夫婦那時正隨「老新興」，在大坑演戲，六月二十四日到二十六日。二十六日演出結束後當晚，搭火車回來，才來到東社的店仔口，就有鄰人跑來告說，王進過世的消息。那段時間，一向都由慶芳長子負責照顧生病的王進。三子才於當年過年出生，過繼給江碧珍領養。王進過世後第二年，1971年，因爲當時無戲可唱，「老新興」解散，慶芳夫婦此後再沒待過亂彈戲班。1970到1990年間，期間至多去幫草屯「樂天社」或台中旱溪「新美園」助演過幾次。

王進過世後，因家中無人可照顧小孩，王慶芳兩夫妻常年在外演戲，乃將小孩轉學至三灣國小繼續念，直至釗淵1976年於三灣國中國中畢業止。四個小孩，皆住春蘭三灣娘家，由娘家兄弟幫忙照應。

生父玉寶幾年前才過世。晚年失智，對於老家印象一片模糊之際，才等到開放探親。兄弟幾人商議爲玉寶找尋當年離散的姊弟三人消息，東海大學畢業的小弟也嘗試寫信過去探問。沒有消息。[171]黃菊妹、江玉寶夫婦生養江立成、江碧珍、王慶芳、江俊華、江展南、江鳳生、涂新財、江清兆、蔡仁添，以八男一女，讓家族血脈在本地開枝散葉。江碧珍自拱樂社出師後，曾於「三義園」、「黃秀滿」、「新美蓮」、「龍鳳園」等班活躍，現退休，定居台北。

171 見鄭榮興編，《苗栗縣客家戲曲發展史．田野日誌》，苗栗：苗栗縣立文化中心。1999。頁10。

（五）番媽

慶芳養母潘清金生前各節的祭祖，除了與王進祭拜王家祖先之外，另外還再拜過世的母親潘碧戈。慶芳外婆潘碧戈，沒有入神主牌，也不屬於王家祖先一部份，但是清金每逢祭拜，都會領著養子持香「呼請」這位只由清金兩姊妹承祀的「番仔媽」。外婆潘碧戈過世得早，慶芳不曾見過，也不知道其人名諱正確的寫法，只是聽母親潘清金口頭上提醒。自潘清金過世後，慶芳仍一直繼續祭拜潘、王兩家祖先傳統至今，年節、忌辰從不間斷。擔心「大概也是只拜到我這一代，以後的子孫可能就不知道〔潘碧戈〕」，提醒兒子，以後要祭祖不能忘了這位「番仔媽」，也希望他們要繼續地傳下去。因爲潘碧戈嫁人家作小姨，那邊沒有神主牌，有關他的記憶，只能隨著清金、清蕊兩姊妹賡傳後世。

沒見過自家的「番仔媽」，卻想起了內灣老番婆。養母清金生前認的義母。這位「番仔媽」，紋面，會講一些客語，但番腔重，喜歡看「老新興」的內台戲，因而與「顧口」的清金兩人互相認識。總覺得這個「番婆」面容、身形都像自己的母親潘碧戈，感到投緣、親切，「番婆」自己也沒有生育，領養一位養女，後來女婿也是招贅進來。潘清金志願當她的乾女兒。「番仔媽」很是疼惜慶芳，自己有養雞，一兩天就殺一隻雞，又抓魚、用「菜瓜酒」燉青蛙給慶芳吃，那時王慶芳已經在做小生，一直到戲班不在戲台演出之後，「番仔媽」仍還健在，有時候也會去看她。「番仔媽」死後，有和母親去內灣拜他，只是後來「番仔媽」膝下那位養女阿姨也搬離舊居，不知道去向，兩家從此斷了音訊。

（六）鏡影

王進的武戲多，以前又曾跟結拜兄弟林裕學過武術，應用在《倒銅旗》演出，成爲個人絕活，也傳給慶芳。隨著年紀的增長，少年以至青年時代的慶芳，與王進，父子兩人閒聊話題，日漸集中在於琢磨亂彈戲表演細節的範疇。王進生前常提及不同演員的長處，其中如「客人憨」謝長坤擅長關公戲、白鬚老生戲。天河擅長白鬚老生戲。天棋擅長烏鬚老生戲。王進早年曾與「猴仔義」、天河、天棋三人同班，故對於擅長武丑的「猴仔義」以及擅長老生的天河、天棋印象深刻。此外，劉有傳「好白鬚」、陳萬成「好烏鬚」，各人的長處，也是王進舉例的對象。專攻老生的王進對於其他老生演員的表現，最有觀察。慶芳則由養父對前輩演員的品評，更全面地理解亂彈戲的內涵。一如十七、八歲之際，正以文武小生活躍在內台戲院時，透過生父玉寶的點撥，慶芳在刀槍把以及身段武功，能有更深一層的體會。172

閒聊間，慶芳想起從前唱花臉的福全老師伯與他的黑洋傘。福全師伯隨身有付枴杖型的黑洋傘，把手似乎是有龍頭的高級貨。舊時，車少又因爲節儉，除非出遠門，老人多以走路爲交通。一天忽下起西北雨，福全伯捨不得拿起雨傘，還把衣服脫下來包傘，怕傘淋濕。慶芳還問：「福全師伯，落雨那無擛傘？」原來福全師伯把傘拿來當枴杖用。

172 見鄭榮興編，《苗栗縣客家戲曲發展史・田野日誌》，苗栗：苗栗縣立文化中心。1999。頁9-10。

十、 長春卸甲

先生久勤王事，鞍馬辛勞，
今日該當投戈講禮之秋〔…〕。
還望先生在朕座前把興滅之景象，
手舞足蹈奏朕知，使朕心中暢快。

《卸甲》173

（一）扮 仙

不論是《天官賜福》或《富貴長春》，料想扮仙戲齣裡，天上神仙下凡降福，除了平日得要多積福報，也要有幾分的運氣。接在「仙齣」之後的吉慶戲，或《封王》或《卸甲》，相對總離現實要來得稍近一些。猶如成功人物的介紹，讓戲臺下的觀眾，有個追比、效法的對象。「積善」、「餘慶」，是民間對於追求幸福理想，最單純想像的邏輯性關係。戲台上的演出，強化了這樣的想像與思維。

戎馬畢生，位極人臣，唐皇親爲卸甲，七子八婿，郭令公這樣一位歷史人物，被民間社會視作爲福祿雙全的代表。慶芳在戲台間的戰場上，同樣算得上戎馬畢生。但在人生舞台仍有眞實的生活需要面對。就亂彈戲的演出傳統而言，雖是兩回事，但，屬亂彈戲正戲的《怒打金枝》情節，從劇情的時間順序關係，本當接演在《卸甲》之後。作爲福祿雙全的代表，光彩的背後，戲裡反應的眞實在於：即使是郭子儀，仍有兒女諸事等待老父返家煩心。

173 亂彈扮仙戲《卸甲》，唐王召見郭子儀賓白。本劇於扮仙時，固定接於《富貴長春》後，以下又接《金榜》。

（二）活 戲

戲臺上，優秀演員的表現與競藝，猶如《飄海》裡八仙過海，各顯神通，鬧得東海片刻不寧，經常讓觀眾留下不可磨滅的印象。1999年度中，榮興客家採茶劇團排出《鐵弓緣》（「天官牌」上或寫作《鐵弓姻緣》）一齣，經常是各地觀眾屢屢要求點演的俏皮武戲。這齣改編自亂彈戲的改良採茶大戲，正是出自王慶芳之手。演出中，由王慶芳所扮飾的女丑（張秀英母），身段俐落、表情鮮活，全然可見長年以來積累的功底。同時，這齣童年時期由「金龍丑」親授的亂彈新路戲，屬於三小戲（小生、小旦、小花），經改編成採茶大戲，在王慶芳帶領採茶戲新秀呂美玲、李文勳二人，174仍不失原味。這類融合亂彈三小武戲「粗弓馬」強調功架、身段、武打，與三花、花旦俏皮調笑的劇目，藉由改良採茶的整編，重新再現於當代，讓精彩的傳統老戲得以重登戲台。慶芳對亂彈戲的沒落沒有抱怨，只是堅持相信，有好戲就會有識貨的觀眾。

亂彈戲有「怒打、金水橋、胭脂、雙別窯」諺說，作爲三大、三小之別。少年以來遍演小生、小旦、小花等三小角色，慶芳缺的是足以對手搭檔的演員。

《鐵弓緣》戲份著重在於小生、小旦、小花，屬於三小戲類的劇目。小花丑演員負責飾演戲中逗笑的老婆子角色。這類女丑、彩旦的行當，亂彈戲稱之「ㄚ頭」，以「ㄚ頭」爲主角的這類戲齣，則爲「ㄚ頭戲」。相對於《打登州》、《活捉》、《烏龍院》一類的三花戲，慶芳腹中所學過的「ㄚ頭」戲齣也多師承自「金龍先」。其中如《鐵弓緣》、《雙別窯》、《打桃園》。

「ㄚ頭戲」，《打桃園》（姚家女婢頭），《雙別窯》（海老山／大花、海老婆／三花）。童年科班時期學的《雙別窯》一齣，雖說久已不演，最近又有機會重新回想。一句兩句的片段，透過言語反覆地回憶，逐漸被尋回。大嫂劉玉鶯與邱火榮兄妹準備整理《雙別窯》，問王慶芳小花角色怎麼唱。《雙別窯》此齣，慶芳師承自金龍先生（許吉）。著重大花與小花兩角色，海老山、海老婆

174 呂美玲、李文勳二人，當時分爲「客家戲曲傳習計畫」（傳統藝術中心籌備處）助教、藝生。

對答互逗的戲份。劇演海老山和海老婆兩人之間的逗趣對答，海老婆一句「夫呀！」，海老山接口回白：「夫，唔通夫！妳若夫，我就倒退嚕！我乎妳夫到每場賭都輸！！」海老婆撒嬌「老山！」海老山再回口白：「老蔘吃營養，吃補心！」海老婆「唉呀，不是。老猴！」，「老猴在內山。」海老婆「唉呀，不是。我是說，丈夫！」海老山搶白「丈夫，妳嗲夫！妳三夫四夫，我就倒退嚕，每場賭都輸！！」這《雙別窯》爲曲路戲，較難學，很多惡曲。屬於《別窯》亂彈正旦戲份，唱「夫要去留糧單」，到《雙別窯》中海老婆改唱「夫要去留當票」…。以往老班的習慣，有時大花如不便應演海老山，二花就得要上場接替演這個角色。

慶芳身上所學自「金龍先」傳下的《鬧西河》一齣，至今都是一般北管子弟最喜愛的劇目之一。但對慶芳而言，《鬧西河》全齣，從〈扯甲〉到末段〈三妖鬥寶〉，每一段的舞台表現都有其精彩之處，而一般的北管子弟登台，卻因爲缺乏紮實的武功，經常省略不演〈三妖鬥寶〉的版本，其實並不完全。

1945年後培養出來的亂彈戲職業伶人，多數不曾有過「打屁股底」，受過完整「童伶班」訓練的經驗。慶芳則是其中極少數坐科出身者。由於經歷過名師許吉等人嚴格的調教下，許多童年起學來的戲齣，經過多年磨練至今，不論「活演」或「死套」皆無不能。戰後入戲班學戲，除了一部份同戰前，於各地招收囝仔入班，組團教戲之外，又有藝人子女，因從父母在戲班生活，進而隨班學戲，是儲備表演人才另一重要來源。透過此一途徑所培養而成的表演者，不論是演員或樂師，由於多半不曾正式坐科、拜師，也被稱爲「桌下跑出來的」、「虎仔爺」的一批人。

戲有「活演」或「死套」，唱腔也分「活演」或「死套」。慶芳舉所學小曲〈五穀豐登〉的情況爲例。這首小曲，曲、詞皆繁長而不易學。但「榮興」的演出，慶芳即曾提供所學〈五穀豐登〉曲調作爲改編，應用在《花燈姻緣》中。這齣在國家劇院公演的採茶大戲，李文勳飾三花，王慶芳飾演陳沖（老生），生、旦男女主角則由傅明乃、江彥瑮分飾。〈五穀豐登〉曲調用於三花唱段。音樂改編後，以「打更」的頭起當作倒板，以下接唱〈五穀豐登〉的曲。像《訪友》、《櫻桃記》，王慶芳在「慶全班」時，有「金蘭伯」會抄寫曲冊讓王慶芳學。像童伶時期，有請主臨時點《黃金台》，演員缺下手三花一角，「金龍先」臨時帶著慶芳學，只一下午，隨即在晚上得派上用場。點點滴滴，從正規正板的苦功，到所有臨機應變的巧功。內行班演戲，每一種情況都要能應付，進而延伸發展。

（三）封 贈

除了「德泰」現在的班主李正光，領到作醮戲，自己能演小旦。「客家戲曲人才培育計畫」鍛鍊出來的藝生之一，李文勳，現在幾乎是在地戲班支援演出「阿賴旦」的不二人選。其它戲班作醮時，大部分都請李文勳演小旦。慶芳帶著李文勳學戲，從還不太會演客家戲，直到李文勳長大後，請戲班直接找他演需要「阿賴旦」的戲約。春蘭過去在戲班所用服飾、珠飾也都送給李文勳。李文勳演作醮戲時，不全唱正本亂彈戲齣，除唱亂彈，也唱四平，【平板】、【流水】、【西皮】、【二黃】…等。依建醮正棚戲傳統，戲班通常不唱歌仔、採茶。在「榮興」班裡，王慶芳、劉玉鶯都曾教過李文勳亂彈戲唱腔。

有時不免想「老了就沒價值」，以前李文勳還沒出來，戲班必定來問慶芳可不可以演小旦。「現在，都沒人來問。現年紀一大，加上李文勳演戲不錯，現在連問都沒有人問。」2000年選總統那年，頭份「太陽宮」建醮，又有吳雲來請慶芳飾小旦。慶芳一度推說自己年紀大，不適合演小旦，而且已將小旦服飾送給李文勳，請戲班考慮找李文勳助演。之後，吳雲仍一再拜託王慶芳務必來幫忙，又稱戲班服飾屆時可供他使用。之後與校長（鄭榮興）商量，才接下作醮那五天戲約。怕別人的戲服、珠飾用不習慣，慶芳又向李文勳借回以前送他的兩套小旦衣服及大頭、珠飾。這次演出事後才知這廟裡的頭人都是老輩，當初討論建醮演出事宜之際，堅持提議要請以前「老新興」的小生出馬演小旦。由慶芳排定戲齣，「太陽宮」建醮這次正戲的劇目都演大齣戲，如《白虎堂》（取木棍）、《蘇英掛帥》、《張世傑下凡》等小旦戲。《取木棍》、《穆桂英招親》、《寶蓮燈》，以及《八寶宮主招親》（出自四平正本戲《單單國》）。爲了演出效果與默契，當時又調吳龍泉來演小生，與慶芳演對手戲。

（四）團　圓

王慶芳、李春蘭婚後，生養有五子二女，分為王釗淵（長子）、王明輝（二子）、卓榮雄（三子）、王明郎（四子）、王麗君（長女）、王瑞文（五子）、王麗雲（次女）等人。王進以下家族第三代，目前無人從事與戲曲表演相關職業。第三代中，已婚嫁者，有長子王釗淵娶阮妙鸞，次子王明輝娶黃瓊玟。另三子卓榮雄過繼予慶芳姐江碧珍、卓傘夫婦。釗淵妻阮妙鸞來自越南，夫妻育王紹驊。王紹驊，王進家族第四代，2002年十二月七日生。

過去，王慶芳曾經動過將王瑞文送入復興劇校學戲的念頭，但一輩子在戲班中演戲，奔波與勞苦一生的李春蘭，生前極力反對家族下一代再有人從事戲曲表演。因而子女成年後，皆從事一般的職業，除了接送父親出門演戲，與戲班接觸的經驗也不多。春蘭過世之後，生前留下少數幾張的照片，現均由女兒保存在身邊。慶芳有關個人與家族的圖像、資料，平常也由明輝幾個兒子幫忙整理。對於未曾學戲的下一代而言，這些是王家的寶貝。看著紀錄家族、演出點滴的舊照，慶芳回味著往日表演與生活的滋味。

在「新永安」班隨「大甲媽」進香演戲，當時大甲「鎮瀾宮」繞境沿途起馬、落馬，一直到媽祖聖誕日，一演都幾十天。戲班從起駕前開始演戲，演到媽祖出去進香，即停演一陣子，一直到回鑾前一天開始演戲，媽祖一回來就要有戲演。不停有信徒還願，或蒙媽祖收為義子，謝戲。戲台上鑼鼓終日不歇，一直演到二十三日才結束。在「老新興」班時，接台中南屯「萬和宮」的「字姓戲」，遇秦、羅兩姓主辦，演《破五關》，飾羅成（小生）高坐「銅旗台」，觀秦瓊推倒銅旗陣。台上演員（秦瓊／老生）賣力揮舞兵器，台下秦、羅兩姓主辦人開懷地笑著。媽祖帶走了王樹生，養父王進的生父；又給了王家在戲台上展現技藝的舞台。慶芳不能清楚媽祖的用意，但這些確實是王家家族經歷最重要的轉折之一。

眼下的現實生活裡，鄭榮興校長主持劇團新編劇目，慶芳與團中幾位資深演員備受倚重，經常提供劇情組織以及對於音樂編配的意見。對於亂彈戲今天難有機會再排完整劇目，心中多少覺得可惜了自己一身的本事，但在改良採茶戲新編劇的音樂編配，鄭校長的「相惜」，新人的出線，亂彈戲曲似乎又有用武之地。戲台上的傳人，除了早些年調教出來的義子曾欽瑞，這些年在「榮興客家採茶劇團」，從上個世紀末，劇團推動「客家戲曲人才培育計畫」以來，逐漸得見一批新生代的客家戲曲表演人才逐漸成熟，又再讓慶芳感到戲曲演藝事業另再有了一些新的動力。

老友鍾進財〔圖 10-1〕與「阿知伯」女兒阿雪〔圖 10-2〕的婚姻雖不圓滿，但女兒結婚時，前妻還是找了他回去，在婚禮上坐大位。夫妻在子女的人生大事上皆不必缺席。結拜兄弟簡聖郎、吳文秀夫婦合力照顧著早亡的前妻鍾夢冬所留下子女。看著文秀的辛苦與寬容，慶芳總是會以「阿伯」的身份，叨念著勝郎家的幾個小孩，也數落義弟躁急的火爆性子，讓小孩經常能主動回家。戲班人的生活或許顯得漂泊，似乎總在不同的地點之間流轉，但卻並非無根。家，一直圍繞在父母、子女之間。只是這樣的家庭比較戲劇性。

編過無數的戲齣，慶芳似乎眞的沒想過，他的家族、人生，遠比任何「奇案」，都要更富於戲劇性。就像 1947 年「二二八」後的「清鄉」，「慶桂春陞」戲班裡有一群演員終日竊竊私語，傳說屋外的外省人會殺人，會把小孩擄走。王進夫婦聽得憂心不已，也一再警告慶芳不得大意離開「鹽館前」的這座戲館。恐怖詭譎的氣氛，讓慶芳深深地記住養父母的叮嚀，直到今天。「外省人」帶來肅殺的空氣，讓王進夫婦無法聯想慶芳生身來處，江玉寶，不也是個「外省人」？慶芳與養父母一樣，至今仍不會將帶來肅殺的「外省人」與生父玉寶這個「外省人」連結在一起。「外省人」不過是個通稱、抽象的名詞，但生父玉寶卻是個活生又充滿溫暖回憶的眞實對象。江、黃、王、潘、李各家，共同積築了慶芳生命中最眞切的依憑 ---- 家。

圖 10-1　鍾進財

圖 10-2　「阿雪」鍾雪玉 1965 年在嘉義與慶芳次子王明輝合影。當時「老新興」正在當地演出。

王慶芳家族要事簡表

西元紀年	王慶芳虛齡	要 事
1906年		◆王進生。
1907年		◆潘清金生。
1914年		◆江玉寶生。
1915年		◆黃菊妹生。
1922年		◆大正十一年。王進入「豐吉祥」學戲。時年十七歲。
		◆師從竹南中港人「海賊仔」。
1924年		◆江玉寶隨中國戲班來台。
1932年		◆本年年末（或1933年初），江玉寶娶黃菊妹。
1934年		◆玉寶長子江立成生。
1937年		◆玉寶長女江碧珍生。
1938年		◆王進、潘清金夫婦入「明興社」住班。
1939年	1歲	◆江玉寶、黃菊妹生次子江慶芳。
1941年	3歲	◆江慶芳過繼予王進、潘清金夫婦，改名王慶芳。
1942年	4歲	◆王慶芳妻李春蘭生。
		◆玉寶三子江俊華生。
1944年	6歲	◆玉寶四子江展南生。
1945年	7歲	◆中日戰爭結束。
		◆王進舉家離開「明興社」，入「南華陞」。
		◆王進舉家離開「南華陞」，與王慶芳同入「慶桂春陞」（竹南）。
1948年	10歲	◆王慶芳隨父母離開「慶桂春陞」。
		◆玉寶五子江鳳生生。

西元紀年	王慶芳虛齡	要　事
		◆王慶芳隨父入「南華陞」（南苗）駐班。
1949年	11歲	◆王進、王慶芳一家入「永吉祥」搭班半年。
		◆離開「南華陞」，轉入呂慶全的「新全陞」。
1950年	12歲	◆呂慶全「新全陞」開始於台北近郊偶爾兼演歌仔戲。
		◆玉寶五子江新財（涂新財）生。
1951年	13歲	◆「新興陞」成班。
		◆王慶芳入「老新興」（台北「新興陞」階段）。
1952年	14歲	◆王慶芳轉攻小生。
		◆王慶芳、陳玉平結拜。
		◆玉寶六子江清紹生。
		◆「新興陞」參加第一屆台灣省北部地方戲劇比賽。
		◆原「新興陞」股東退股，劉文章接下戲班，年中後，班稱改名為「老新興」。
1953年	15歲	◆王慶芳於「老新興」開始參與排戲工作。
		◆王慶芳取藝名「王劍芳」。
1954年	16歲	◆林阿春入「老新興」。
		◆「老新興」參加台灣「全省戲劇比賽」，新竹縣初賽。
		◆玉寶七子江仁添（蔡仁添）生。
1956年	18歲	◆王慶芳與王進夫婦離開「老新興」入「再復興」（或「新復興」東社班）。
1957年	19歲	◆四（五）月，王慶芳隨養父母重回「老新興」。
		◆年底，李春蘭入「老新興」，時年十六歲。
		◆「老新興」參加台灣「全省戲劇比賽」，新竹縣初賽。
		◆「慶桂春」參加台灣「全省戲劇比賽」，獲新竹縣政府表揚。

西元紀年	王慶芳虛齡	要事
1958年	20歲	◆年初，伯晨（博神）、吳□英入「老新興」。 ◆「老新興」班收李春蘭、吳月妹、楊久榮、劉完妹、劉金枝、鍾鳳蓮、阿英（牛車𡟰之孫）、阿燈（李□燈）、馬水妹等人入班學戲。 ◆李春蘭從吳□英學戲。 ◆王慶芳姐江碧珍，獲47年度台灣省地方戲劇比賽（第七屆）「客家班」組，最佳女主角。
1959年	21歲	◆八月七日，八七水災各地災情嚴重，「老新興」於大甲外埔戲院演出，受困當地多日。
1960年	22歲	◆年初，農曆十二月廿八日，李春蘭與王慶芳於三灣戲院結婚。 ◆年初，除夕夜起，「老新興」於三灣戲院演出，爲期十天，至農曆初八止。 ◆王慶芳暫離「老新興」，服役。 ◆3月15日，台灣省地方戲劇協進會統計所屬會員劇團，共295團，其中：內台歌劇團89團，內台話劇團20團，內台南管團2團，內台客家班10團，外台歌劇團31團，外台亂彈班6團，外台南管班2團，外台客家班4團，外台掌中班131團。 ◆年中，伯晨（博神）、吳□英離開「老新興」回彰化溪湖。 ◆農曆9月「老新興」於三湖戲院演出。
1961年	23歲	◆五月十一日。王慶芳長子王釗淵出生。 ◆年初，「老新興」停止內台演出活動。
1962年	24歲	◆農曆九月，王慶芳退伍，回「老新興」。 ◆農曆十一月，內灣建醮，由「老新興」負責主壇正棚連續六天的演出。全體演員、樂師，男性。
1963年	25歲	◆十月十日。王慶方次子王明輝生。

西元紀年	王慶芳虛齡	要 事
1967年	29歲	◆三子王榮雄出生，後過繼給卓傘、江碧珍夫婦。
1968年	30歲	◆農閏七月二十四日。王慶芳四子王明郎生。 ◆潘清金歿。
1970年	32歲	◆四月十五日。王慶芳長女王麗君生。 ◆農曆六月廿四日。「老新興」廿四至廿六日於台中大坑演出（外臺戲）。 ◆農曆六月廿六日，王進歿。
1971年	33歲	◆「老新興」解散。 ◆王慶芳夫妻離開「老新興」，轉入「東亞歌劇團」（歌仔班）。 ◆王慶芳夫妻離開「東亞」，轉入「永昌」（班主曾先枝）。
1972年	34歲	◆王慶芳夫妻離開「永昌」，南下，轉入「新榮鳳」。
1980年	42歲	◆王慶芳五子王瑞文生。
1982年	44歲	◆王慶芳離開「新榮鳳」，改搭「金興社」。
1985年	47歲	◆王慶芳夫婦離開「金興社」，改搭「新永安」。
1989年	51歲	◆王慶芳夫婦離開「新永安」，改搭「德泰」。
1990年	52歲	◆李國雄向張有財購「德泰歌劇團」牌照，起班。
1992年	54歲	◆王慶芳離開「德泰」，入「新永光」。
1994年	56歲	◆王慶芳離開「新永光」，入「德泰」。
1995年	57歲	◆王慶芳，五十七歲，正式進「榮興客家採茶劇團」。 ◆四月十八日，李春蘭（1942-1995.4.18）歿。
2000年	62歲	◆慶芳生父江玉寶歿（1914-2000）。
2002年	64歲	◆十二月七日，慶芳長孫，王紹驊生。
2005年	67歲	◆王慶芳口述家族生命史，發表。

參考書目（按作者姓氏筆畫排序）

不著撰者

1962，《新竹縣志初稿》，台北：台灣銀行。

不著撰者

1994，《新竹縣採訪冊》(台灣文獻叢刊第二輯)，台北：台灣大通書店。

片岡巖

1921，《台灣風俗志》，台北：台灣日日新報社。

中華綜合發展研究院應用史學研究所總編纂

2002，《後龍鎮志》，苗栗：苗栗縣後龍鎮公所。

台北市勸業課編纂

1936，〈台北市商工人名錄〉，台北：台北市役所。

台灣慣習研究會原著、台灣省文獻研究會編譯

1987，《台灣慣習記事（中議本）‧第三卷（下)》，南投：台灣省文獻研究會。

安倍明義

1996，《台灣地名研究》，台北：武陵出版有限公司。

江武昌等

2000，《聽到台灣歷史的聲音》，台北：國立傳統藝術中心籌備處。

呂訴上

1961，《台灣電影戲劇史》，台北：銀華出版社。

呂福祿口述，徐亞湘編著

2001，《長嘯一舞台福祿》，台北：博揚文化。

邱昭文

2001，〈台灣戰後初期的亂彈班研究〉，南華大學美學與藝術管理研究所碩士論文，（未刊）。

邱坤良

1979，《民間戲曲散記》，台北：時報文化出版社。

1980，〈台灣碩果僅存的亂彈班-新美園〉，《民俗曲藝》改刊期一（11月）

1982，《現代社會的民俗曲藝》，台北：遠流出版社。

1991a，〈台灣地區北管戲曲資料蒐集、整理計畫期末報告〉，台北：文建會，（未刊）。

1991b，《台灣劇場與文化變遷》，台北：台原出版社。

1992，《舊劇與新劇：日治時期台灣戲劇之研究（一八九五～一九四五）》，台北市：自立晚報。

林爲恭監修

1964，《臺灣省苗栗縣志人文志》，苗栗：苗栗縣文獻委員會。

林衡道整理

1981，〈台灣民俗（喪葬）座談會記錄〉，《苗栗文獻》卷一第二期，苗栗：苗栗縣文獻委員會。

林鶴宜

1999，〈「潘玉嬌、王金鳳、新美園藝人」技藝保存計劃（第三期）期末報告〈藝人生命史與劇團大事年表〉〉，（未刊）。

胡台麗

1982，《媳婦入門》，台北：時報文化。

徐亞湘

2000，《日治時期中國戲班在台灣》，台北：南天書局。

2002，《桃園縣戲曲發展史》，（未刊）。

許常惠

1997，《台灣音樂史初稿》，台北：樂韻出版社。

許常惠總編纂

1997，《彰化縣音樂發展史》，彰化：彰化縣立文化中心。

國立中央大學戲曲研究室

1996，〈桃園縣傳統戲曲與音樂錄影保存及調查研究報告書〉，桃園：桃園縣文化中心，（未刊）。

陳藍谷等

2002，《台北市北管音樂發展史》，台北：台北市文化局。

范揚坤

1996，〈亂彈老師伯鍾阿知〉，《表演藝術》第49期，台北：國立中正文化中心。

范揚坤等

1998，《彰化縣口述歷史》，彰化：彰化縣立文化中心。

范揚坤主編

2004，《傳統音樂戲曲圖像與文書資料專輯》，彰化：彰化縣文化局。

鄭榮興

2001，《台灣客家三腳採茶戲研究》，苗栗：財團法人慶美園文教基金會。

鄭榮興總編

1999a，《苗栗客家戲曲發展史：田野日誌》，苗栗：苗栗縣立文化中心。

1999b，《苗栗客家戲曲發展史：論述稿》，苗栗：苗栗縣立文化中心。

2000a，《苗栗地區客家音樂發展史：田野日誌》，苗栗：苗栗縣立文化中心。

2000b，《苗栗地區客家音樂發展史：論述稿》，苗栗：苗栗縣立文化中心。

劉定國、林爲恭、黃文發監修 鍾建英特約編纂

1974，《臺灣省苗栗縣志．卷六文藝志》，台北：成文出版社（1983）。

劉還月

1999，《瘖瘂鶴鳴》，台北：時報文化。

謝金汀監修

1983，《臺灣省苗栗縣志．文化建設志》，苗栗：苗栗縣文獻委員會。

薛宗明

2003，《台灣音樂辭典》，台北：台灣商務印書館。

蘇秀婷

1999，〈台灣客家採茶戲曲之研究—以桃、竹、苗三縣爲例〉，國立成功大學藝術研究所碩士論文，（未刊）。

貳、家族・戲班・老相本

一、 家 族

江王二家

家人能夠在一起都要惜緣分。我生父養父兩家十分疼囝仔，尤其是對我。沒有和親生父母同住後，知道他們在附近演戲，常去找。我姊姊碧珍年輕時好漂亮，好多人都迷他。感覺上，就算是親戚，一旦少往來，就會生疏。

王慶芳

主題：王慶芳與親身父母、養父母合照
時間： 1941 年
尺寸： 15 × 10.8 c m
人物；上排左起；江玉寶、王進
下排左起；江立成、黃菊妹、王慶芳、潘清金、江碧珍

主題：江玉寶全家
時間：1954 年
尺寸：10.6 × 7.4 cm
人物；上排左起；江玉寶義妹、江立成、江碧珍
中排左起；黃菊妹、黃菊妹 之母、江玉寶
下排左起；江清兆、蔡仁添、江鳳生

主題：江立成
時間：1957 年
尺寸：5.6 × 7 cm

主題：江玉寶
時間：約 1954 年
尺寸：2.8 × 3.7 cm

主題：左起黃菊妹、江俊華
時間：約 1959 年
尺寸：8 × 12.5 cm

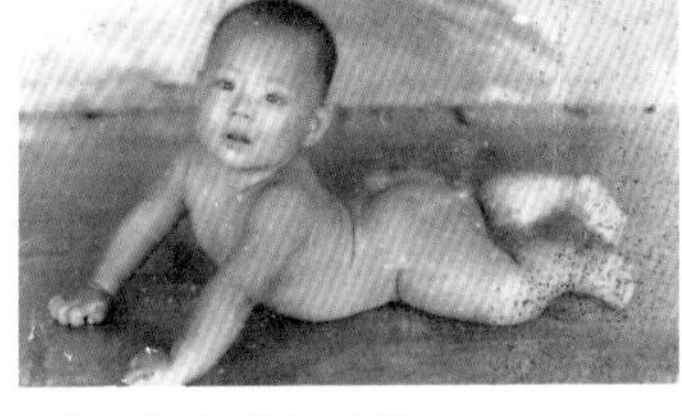

主題：江俊華八月照
時間：約 1941 年
尺寸：10.4 × 6.1 cm

主題：左起江清兆、江鳳生
時間：約 1950 年
尺寸：4.7 × 6 cm

主題：江碧珍 / 攝於赴菲律賓演出時
時間： 1965 年
尺寸：6.7 × 9.1 c m

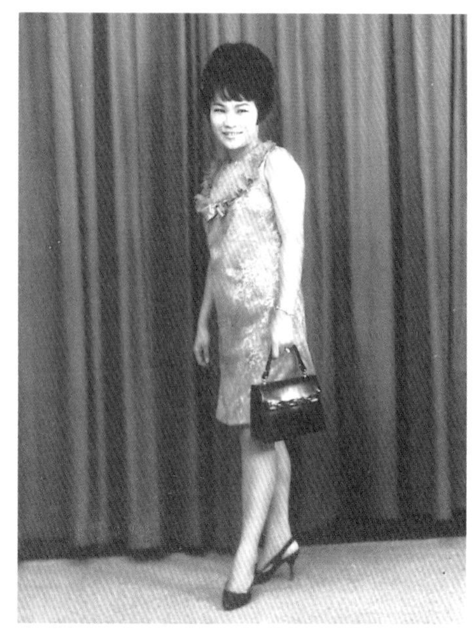

主題：江碧珍 / 攝於赴菲律賓演出時
時間： 1965 年
尺寸：7 × 9.2 c m

主題：江碧珍 / 攝於赴菲律賓演出時
時間： 1960 年代
尺寸：8.3 × 11.8 c m

主題：江碧珍 / 攝於赴菲律賓演出時
時間： 1960 年代
尺寸：8.5 × 12 c m

主題：江碧珍 / 攝於赴菲律賓演出時
時間： 1965 年
尺寸： 8.2 × 12 cm

主題：江碧珍 / 剪髮留念
時間： 1963 年
尺寸： 6.7 × 9 cm

主題：江碧珍
時間：約 1956 年
尺寸：8.3 × 12.3 cm

主題：江碧珍
時間：約 1957 年
尺寸：3.9 × 5.5 cm

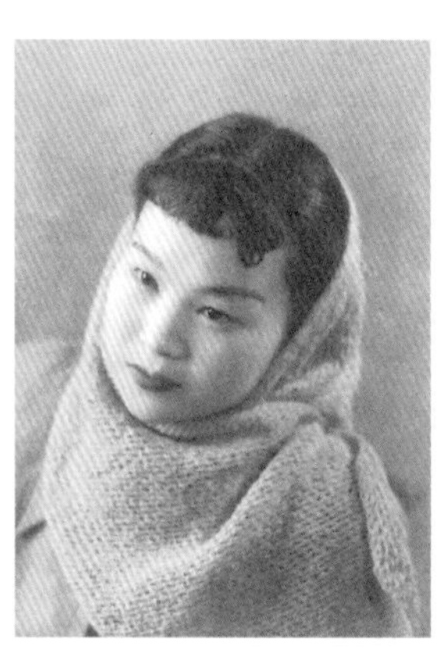

主題：江碧珍 / 攝於赴菲律賓演出時
時間：1965 年
尺寸：7.6 × 10.1 cm

主題：江碧珍、卓傘夫妻
時間：1966年末
尺寸：15.8×11.5 cm

主題：涂新財夫妻
時間：約 1970 年代
尺寸： 11.7 × 16.2 c m

主題：蔡仁添（右）
時間：約 1970 年代
尺寸： 12.5 × 8.9 c m

主題：王進全家與曾新才
時間：1940 年
尺寸：10.6 × 11.6 cm
人物；左起潘清金、王慶芳、曾新才、王進

主題：王慶芳 / 十五歲時，攝於「苪林戲院」
時間：1953 年
尺寸：7.8 × 10.5 c m

主題：王慶芳 / 巾生小生扮相，攝於南屯
時間：約 1966 年
尺寸：8.3 × 13 cm

主題：王慶芳/巾生小生扮相，攝於南屯
時間：約1966年
尺寸：8.3 × 13 cm

主題：王慶芳 / 巾生小生扮相，攝於南屯
時間：約 1966 年
尺寸：11.2 × 16 cm

主題：王慶芳／於頭份珊瑚戲院
　　　演出時，攝於相館。
時間：約 1955 年
尺寸：2.9 × 4 cm

主題：王慶芳
時間：約 1956 年
尺寸：5.7 × 7.9 cm

主題：王慶芳
時間：約 1956 年
尺寸：5.7 × 7.9 cm

主題：王慶芳 / 現代式三花造型
時間：約 1956 年
尺寸：4.3 × 5.9 cm

主題：王慶芳 / 都馬頭小生扮相
時間：約 1956 年
尺寸：5 × 8.3 cm

主題：王慶芳 /《三仙》喜神扮相，攝於南屯
時間：約 1966 年
尺寸：6.5 × 9.2 cm

主題：王慶芳 / 攝於金門（左上）
時間：1961 年
尺寸：5.9 × 8.3 cm

主題：王慶芳（右上）
時間：1954
尺寸：4.2 × 5.8 cm

主題：王慶芳（左下）
時間：1960 年
尺寸：3.8 × 5 cm

主題：王慶芳（右下）
時間：1960 年
尺寸：5.9 × 8.2 cm

主題：潘清金埔里親戚
時間：1957 年
尺寸：15 × 9.9 cm
人物；上排左起：王慶芳表姊、王慶芳表哥水福、王進、潘清蕊夫、王慶芳、李春蘭
　　　下排左起：潘清金表姊、潘清金、潘清蕊、潘清金表妹

主題：陳秋蘭 / 王家童養媳
時間：約 1956 年
尺寸：5.8 × 8 cm

主題：潘清金生父家族（黃家）
時間：約1946年
尺寸：11.3×14.7 cm
人物；上排左起：黃□□弟媳之子、黃□□弟媳、黃海水二弟、
黃海水三弟黃□枝、洪棗（潘清金兄之長媳、黃海水妻）
下排左起：黃□□（潘清金兄、黃海水父）、黃□□妻、阿武（黃海水、洪棗之子）

主題：潘清金表姊家族
時間：約1957年
尺寸：6×6 cm

主題：黃海水（王慶芳表兄）
時間：約 1941 年
尺寸：5.6 × 7.8 cm

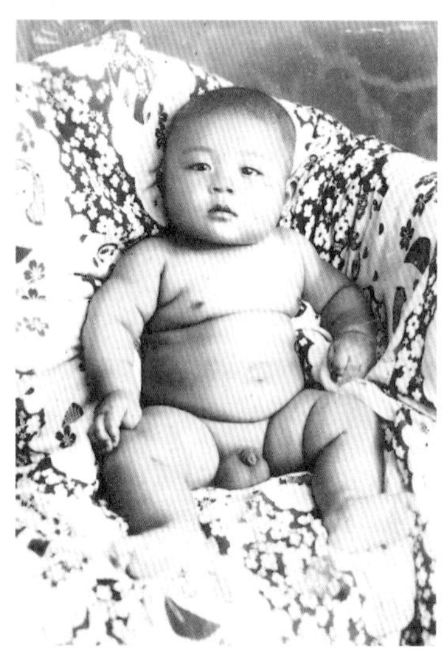

主題：阿武（黃海水之子）
時間：1940 年代
尺寸：7.8 × 10.4 cm

主題：黃□枝（左）與友人
時間：1950 年代
尺寸：7.4 × 10.4 cm

主題：潘清金之堂姊
時間：約 1954 年
尺寸：11.1 × 7.7 cm

主題：潘清金埔里親戚
時間：約 1954 年
尺寸：10.2 × 7.3 cm

主題：王慶芳、李春蘭夫妻結婚照
時間：1960 年
尺寸：10.8 × 15.1 cm

主題：李春蘭、王釗淵
時間：1961 年
尺寸：5.4 × 8.1 cm

主題：王釗淵
時間：1961 年
尺寸：5.4 × 8.2 cm

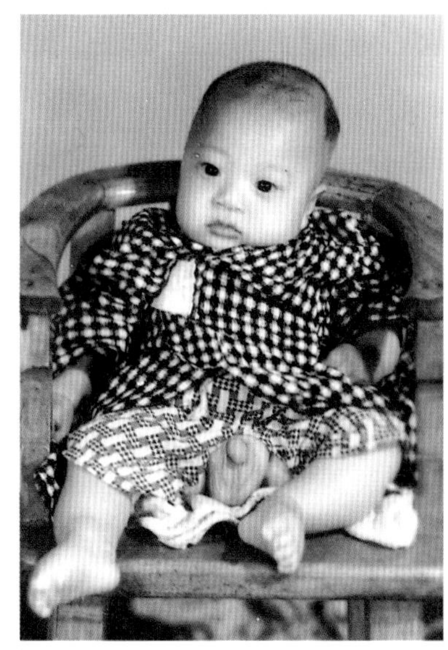

主題：王釗淵
時間：1980 年代
尺寸：8.8 × 12.6 cm

主題：左二起王明輝（四歲）、王釗淵（六歲）/
攝於銅鑼圈春蘭娘家。
時間：1966 年末
尺寸：5.4 × 8.2 cm

主題：左起王明郎、王麗君 /
攝於台南「新榮鳳」戲館。
時間：約 1972 年
尺寸：9 × 6.5 cm

主題：左起王明郎、王慶芳 / 攝於台南安平港。
時間：約 1972 年
尺寸：6.6 × 9 cm

主題：王麗君 / 攝於台南戲館。
時間：約 1972 年
尺寸：6.6 × 9 cm

主題：左起王麗君（三歲）、王明郎（五歲）／攝於台南新榮鳳戲館前。
時間：1972 年
尺寸：8.8 × 12 cm

主題：王麗君（三歲）／攝於台南。
時間：1972 年
尺寸：8.8 × 12 cm

主題：王麗君 / 五歲， 攝於台南安平。
時間： 1974 年
尺寸：8.9 × 12.7 cm

主題：王慶芳夫妻與子瑞文
時間：1984 年
尺寸：12.6 × 8.7 cm

主題：王慶芳夫妻
時間：1984 年
尺寸：8.7 × 12.6 cm

主題：左起王瑞文、李春蘭 / 攝於「新永安」時期。
時間：1980 年代初
尺寸：8.8 × 12.3 cm

主題：左起王麗君、王瑞文、李春蘭、王明郎 /
攝於王瑞文出生四個月時。
時間：1980 年
尺寸：12.3 × 8.9 cm

主題：王慶芳、林三郎兩家至機場送機。
時間：約 1974 年
尺寸：12.5 × 8.7 cm

主題：李春蘭之阿姨、姨丈
時間：1950 年代
尺寸：7.7 × 6 cm

主題：李阿嬌、張瑜麟（李春蘭之姊姊、姊夫）全家
時間：約 1956 年
尺寸：12 × 8.5 cm

主題：李阿添（李春蘭之弟）夫妻結婚照
時間：1970 年代
尺寸：10.7 × 7.7 c m（左）
　　　10.7 × 7.7 c m（右）

主題：李阿添夫妻婚禮全家福
時間：1970 年代
尺寸：10.7 × 7.7 c m

二、 戲班與藝人

慶芳與阿發

以前照相是十分希罕的事。遇到不演戲的時候，常會去看看其他戲班演出，遇到有交情的演員，還會相互交換近照，留作紀念。這些戲裝照片當時都是爲了戲臺「作賣戲」，掛在戲院票口招引觀眾才去照的。

王慶芳

主題：左起「阿發」、王慶芳
時間：1954 年
尺寸：5.3 × 7.8 cm

主題：四星伴月劇照 / 攝於南屯
時間：約 1966 年
尺寸：7.6 × 11.1 cm
人物：上排左起：簡聖郎、王慶芳
下排左起：吳文秀、王春、鍾進財

主題：四星伴月劇照 / 攝於南屯
時間：約 1966 年
尺寸： 10.7 × 8.1 cm
人物：左起王慶芳、鍾進財、王春、吳文秀、簡聖郎

主題：王慶芳 / 支援「新豐園」演出《破洪州》。
該館常演戲齣有《破洪州》、《鬧西河》、《斬經堂》、《晉陽宮》等。
時間：約 1963 年
尺寸：11.2 × 7.7 cm（左）
11.2 × 7.7 cm（右）
11.2 × 7.7 cm（下）

↓ ↓

主題：左起「渾沌鰻」陳其溫、
劉銘溪／南屯萬和宮演出
「字姓戲」
時間：約 1964 年
尺寸：9.2 × 6.5 cm

↓ ↓

主題：左起王慶芳（飾羅成）、阿發叔（飾秦瓊）
/ 南屯萬和宮演出「字姓戲」。
時間：約 1963 年
尺寸：9.2 × 6.5 cm

主題：李春蘭（左）/「新榮鳳」時期
時間：1970 年代
尺寸：12.2 × 8.5 cm

主題：李春蘭（左）與「新永安」
時間：1980 年代
尺寸：12.7 × 8.9 cm

主題：王慶芳與「新永安」
時間：1980 年代
尺寸：12.6 × 8.9 cm

主題：左起李春蘭、王瑞文／當時李春蘭41歲，「新永安」時期。
時間：1980年代
尺寸：8.9 × 12.6 cm

主題：李春蘭 / 「德泰」時期
時間：1980 年代
尺寸：8.9 × 12.4 cm

主題：左起李美君、李春蘭 / 「德泰」時期
時間：1990 年代初
尺寸：8.8 × 12.4 cm

主題：江碧珍
時間：約1956年
尺寸：7.7×11 cm

主題：江碧珍 / 《火燒紅蓮寺》演出飾紅姑
時間：約 1952 年
尺寸：7.3 × 10.1 cm

主題：江碧珍
時間：約 1956 年
尺寸：3 × 3.9 cm

主題：江碧珍
時間：約 1953 年
尺寸：5.7 × 7.8 cm

主題：江碧珍 / 《怪俠紅扇子》扮相
時間：約 1956 年
尺寸：7.4 × 10.8 cm

主題：江碧珍
時間：約 1964 年
尺寸：9.2 × 12.8 cm

主題：江碧珍
時間：約 1964 年
尺寸：9.2 × 13.2 cm

主題：江碧珍
時間：約 1964 年
尺寸：8.4 × 11.5 cm

主題：江碧珍
時間：約 1964 年
尺寸：8.3 × 11.4 cm

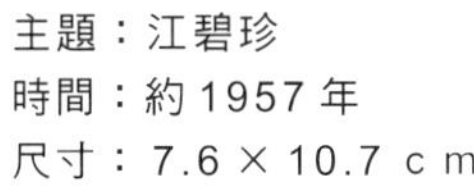

主題：江碧珍
時間：約 1957 年
尺寸：7.6 × 10.7 cm

主題：江碧珍
時間：約 1957 年
尺寸：7.8 × 5.8 cm

主題：潘清金友人 / 新劇演員
時間：1940 年代
尺寸：7.4 × 10 cm

主題：劉文章 / 攝於芎林戲院
時間：約 1953 年
尺寸：7.7 × 7.8 cm

主題：劉玉蘭 / 攝於芎林戲院
時間：約 1953 年
尺寸：6.1 × 7.6 cm

主題：劉玉蘭／ 攝於新竹富隆埔富興戲院附近廟後
時間：1951 年
尺寸：7.2 × 10.1 cm

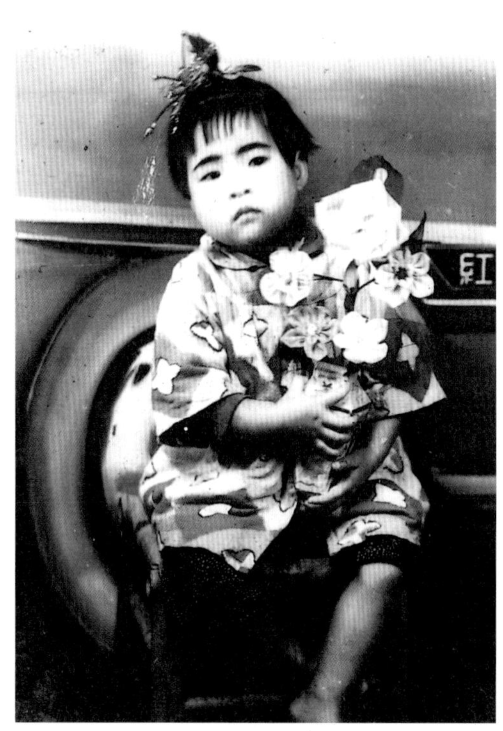

主題：「阿珠」（劉玉蘭之女）
時間：1950 年代
尺寸：5.6 × 7.6 cm

主題：劉金枝（劉玉蘭之女）
時間：約 1958 年
尺寸：5.7 × 7.9 cm

主題：劉完妹 / 於新竹九讚頭演出時所攝
時間：1960 年代
尺寸：8.7 × 12.4 cm

主題：劉完妹
時間：約 1953 年
尺寸：5.9 × 8.1 cm

主題：「阿匹仔」(劉完妹夫) / 三重溪尾里人
時間：1960 年代
尺寸：7.4 × 10.2 cm

主題：左起南屯戲迷、劉完妹 / 「老新興」班於南屯演出「字姓戲」期間，於台中公園合影。
時間：約 1955 年
尺寸：10.9 × 8.1 cm

主題：左起戲迷、劉玉鶯 /
支援「老新興」班於南屯演出「字姓戲」，於台中公園與歐姓戲迷合影。
時間：約1955年
尺寸：10.1×7.4 cm

主題：陳盡
時間：約 1961 年
尺寸：7.7 × 11.2 cm

主題：陳盡
時間：1955年
尺寸：7.7 × 11 cm

主題：陳盡／　攝於新竹富隆埔富興戲院附近廟後
時間：約 1952 年
尺寸：7.4 × 10.4 cm

主題：陳盡 / 攝於苪林戲院
時間：約 1953 年
尺寸：7.2 × 10.1 cm

主題：彭碧玉（陳盡之女）／攝於芎林戲院
時間：約 1953 年
尺寸：5.6 × 7.8 cm

主題：彭碧玉（陳盡之女）／攝於芎林戲院
時間：約 1953 年
尺寸：7.1 × 10.1 cm

主題：彭學順（陳盡之夫）
時間：1940 年代
尺寸：2.7 × 3.9 cm

主題：彭碧霞（陳盡之女）
時間：約 1966 年
尺寸：5.8 × 8.3 cm

主題：周三寶
時間：1950 年代
尺寸：3.8 × 5.6 cm

主題：楊久榮
時間：1960 年代
尺寸：5.5 × 8.1 cm

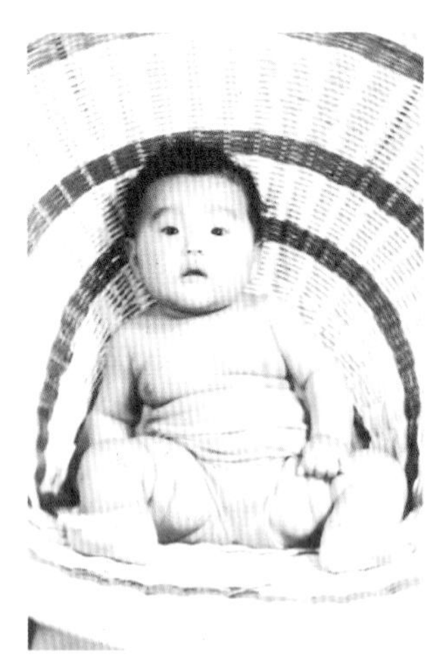

主題：周啟斌
時間：1960 年代
尺寸：8 × 12 cm

主題：劉玉足
時間：約1955年
尺寸：5.9×8 cm

主題：劉玉足
時間：1950年代
尺寸：8.4×6.1 cm

主題：劉榮錦
時間：約 1963 年
尺寸：8.2 × 11.3 cm

主題：劉榮錦全家 / 攝於獅頭山
時間：約1952年
尺寸：8.2 × 11.3 cm
人物：左起劉榮錦、劉麗玉、劉其財、李月愛

主題：劉榮錦、李月愛
時間： 1950年代
尺寸：2.8 × 3.5 cm（左）、2.8 × 3.4 cm（右）

主題：簡聖郎 / 攝於南屯
時間：約1966 年
尺寸：7.7 × 11.2 c m

主題：簡聖郎 / 攝於南屯
時間：約1966年
尺寸：7.7 × 11.2 cm

主題：林國忠（簡聖郎弟）
時間： 1960年代
尺寸：7.7 × 11.2 cm

主題：簡聖郎、吳文秀夫妻 / 攝於南屯
時間：約 1966 年
尺寸：7.6 × 10.3 cm

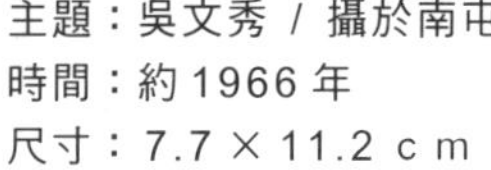
主題：吳文秀 / 攝於南屯
時間：約 1966 年
尺寸：7.7 × 11.2 cm

主題：左起吳文秀、阿如 / 攝於南屯
時間：約 1966 年
尺寸：7.7 × 11.2 cm

主題：左起王春、吳文秀 / 攝於台中南屯
時間：約 1966 年
尺寸：7.8 × 12.5 cm

主題：王春 / 攝於南屯
時間：約 1966 年
尺寸：7.7 × 11.2 cm

主題：王春 / 攝於南屯
時間：約 1966 年
尺寸：11.2 × 7.7 cm

主題：王春 / 攝於台中南屯
時間：約 1966 年
尺寸：7.7 × 11.2 cm

主題：阿如（王春之女）
時間：1960 年代
尺寸：5.8 × 8.2 cm

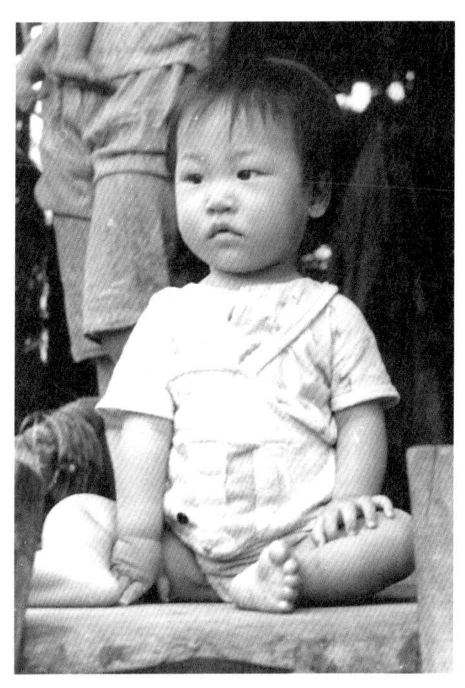

主題：阿如（王春之女）
時間：1960 年代
尺寸：7.7 × 10.2 cm

主題：左起鍾進財、王慶芳、阿如、簡聖郎
時間：約1966年
尺寸：7.7×11.8 cm

主題：鍾進財 / 攝於南屯
時間：約 1966 年
尺寸：7.7 × 11.8 cm

主題：鍾進財
時間：1960 年代
尺寸：5.6 × 8.1 cm（左）
7.3 × 9.8 cm（中）
6 × 8.5 cm（右）

主題：鍾雪玉 / 攝於南屯
時間：約 1966 年
尺寸：7.7 × 11.2 cm

主題：鍾雪玉 / 攝於南屯
時間：約1966年
尺寸：7.7 × 11.2 cm

主題：曾德欽 / 攝於芎林戲院
時間：約 1953 年
尺寸：7.2 × 10.1 cm

主題：曾德欽 / 攝於竹東戲院
時間：約1954年
尺寸：5.8 × 8.6 cm

主題：左起曾德欽、王慶芳
時間：約 1953 年
尺寸：8.3 × 6 cm

主題：左起曾德欽與呂葉之子、曾德欽
時間：約 1953 年
尺寸：8.3 × 6 cm

主題：曾德欽
時間：1950 年代
尺寸：3.2 × 5.2 cm

主題：曾德清
時間：1950 年代
尺寸：4.1 × 5.2 cm

主題：曾□珠 / 攝於竹東戲院
時間：約 1954 年
尺寸：5 × 8.1 cm

主題：左起劉世來、彭碧玉、王慶芳／
攝於獅頭山
時間：約 1952 年
尺寸：5.4 × 7.7 cm

主題：林麗英、劉秀銜夫妻
時間：約1956年
尺寸：11.6×8 cm

主題：林麗英、劉秀衛夫妻
時間：1960 年代
尺寸：8 × 6 cm

主題：林麗英與劉秀衛之女
時間：1960 年代
尺寸：5.9 × 8.1 cm

主題：劉秀衛
時間：1960 年代
尺寸：5.6 × 7.8 cm

主題：吳雲 / 外省籍京班出身演員
時間：約1962年
尺寸：8.5 × 12.2 cm

主題：潘玉嬌
時間：約1955年
尺寸：5.1×8 cm

主題：潘玉嬌
時間：1950年代
尺寸：2.6×3.4 cm

主題：潘玉嬌
時間：約 1955 年
尺寸：5.6 × 7.9 cm

主題：左起劉玉蘭、潘玉嬌 /
攝於新竹富隆埔富興戲院附近廟後
時間：1951 年
尺寸：7.1 × 10.1 cm

主題：林秀妹
時間：約 1957 年
尺寸：5.9 × 7.4 cm

主題：吳□治（吳水木之女）
時間：約 1956 年
尺寸：5.9 × 8.1 cm

主題：鍾夢冬
時間：約 1955 年
尺寸：5.6 × 7.5 cm

主題：鍾夢冬
時間：約 1956 年
尺寸：5.4 × 7.7 cm

主題：鍾夢冬
時間：約 1963 年
尺寸：8.3 × 11.5 cm

主題：謝玉招
時間：約1955年
尺寸：5.8×7.8 cm

主題：彭繡靜 / 於嘉義市支援
「新美園」演出《鬧西河》。
時間：1967 年
尺寸：5.8 × 6 cm

主題：溫三郎夫妻
時間：約1962年
尺寸：7.5×11.1 cm

主題：林金鳳
時間：約1961年
尺寸：6.1 × 8.4 cm

主題：閣嘴英之學生
時間：1950 年代
尺寸：6 × 8.2 c m

主題：閣嘴英之子弟館學生
時間：1950 年代
尺寸：5.8 × 8.3 c m

主題：「小榮鳳」班劇照
時間：1950 年代
尺寸：10 × 14.4 cm
人物：左起劉隆發、羅進榮、陳玉珠、陳玉平

主題：陳玉平（右）
時間：約 1955 年
尺寸：10.8 × 7.4 cm

主題：陳玉平
時間：約 1950 年代
尺寸：5.6 × 8 cm

主題：陳玉平
時間：1950 年代
尺寸：3.9 × 5.6 cm（上）
4 × 5.3 cm（左下）
2.8 × 4 cm（右下）

主題：左起陳玉平與友人阿宗
時間：1950 年代
尺寸：5.8 × 8 cm

主題：左起陳玉平、外甥李方富
時間：1950 年代
尺寸：8.2 × 5.9 cm

主題：陳玉平 / 改良戲劇裝照
時間：約 1950 年代
尺寸：7.6 × 11 cm

主題：陳玉珠 / 改良戲劇裝照
時間：約 1950 年代
尺寸：7.6 × 11 cm

主題：陳玉珠 / 傳統戲劇裝照
時間： 1950 年代
尺寸：5.6 × 7.7 cm

主題：林黃石妹
時間：1950 年代
尺寸：7.2 × 10.7 cm

主題：羅進榮 / 龐涓扮相，當時約 23 、 24 歲。
時間：約 1958 年
尺寸：5.3 × 7.4 cm

主題：羅進榮
時間：約 1958 年
尺寸：5.5 × 7.5 c m

主題：劉世完（王秋子之母）
時間：1950 年代
尺寸：5.8 × 7.7 cm

主題：王秋子（劉世完之女）
時間：約1956年
尺寸：6.3×8.6 cm

主題：阿梅 / 江玉寶義妹之女
時間：1950 年代
尺寸：5 × 7.2 cm

主題：左起阿梅、春妹 / 阿梅時年約 17 、 18 歲。
時間：約 1958 年
尺寸：8.1 × 11.6 cm

主題：許玉京
時間：1950 年代
尺寸：5.4 × 7.4 cm

主題：葉金玉
時間：1950 年代
尺寸：5.8 × 6.8 cm

主題：官細妹 /「紫星歌劇團」女小生
時間：約 1957 年
尺寸：8.2 × 11.5 cm

主題：官素（官細妹之女）/「紫星歌劇團」女小旦
時間：約 1956 年
尺寸：7.7 × 11.1 cm

主題：官素
時間：約 1956 年
尺寸：5.2 × 8 cm

主題：官素
時間：約 1956 年
尺寸：3.1 × 3.9 cm

主題：官寶月
時間：1960 年代
尺寸：8.5 × 12.6 c m

主題：阿細妹
時間：1960 年代
尺寸：7.5 × 10.1 c m

主題：張玉梅
時間：1960 年代
尺寸：7.7 × 11.4 cm

主題：陳玉華
時間：1960 年代
尺寸：7.6 × 11.8 cm

主題：蓮招姨
時間：1950 年代
尺寸：7.7 × 11.7 cm

主題：黃秀滿
時間：1950 年代
尺寸：11.7 × 8.2 cm

↗正北曲

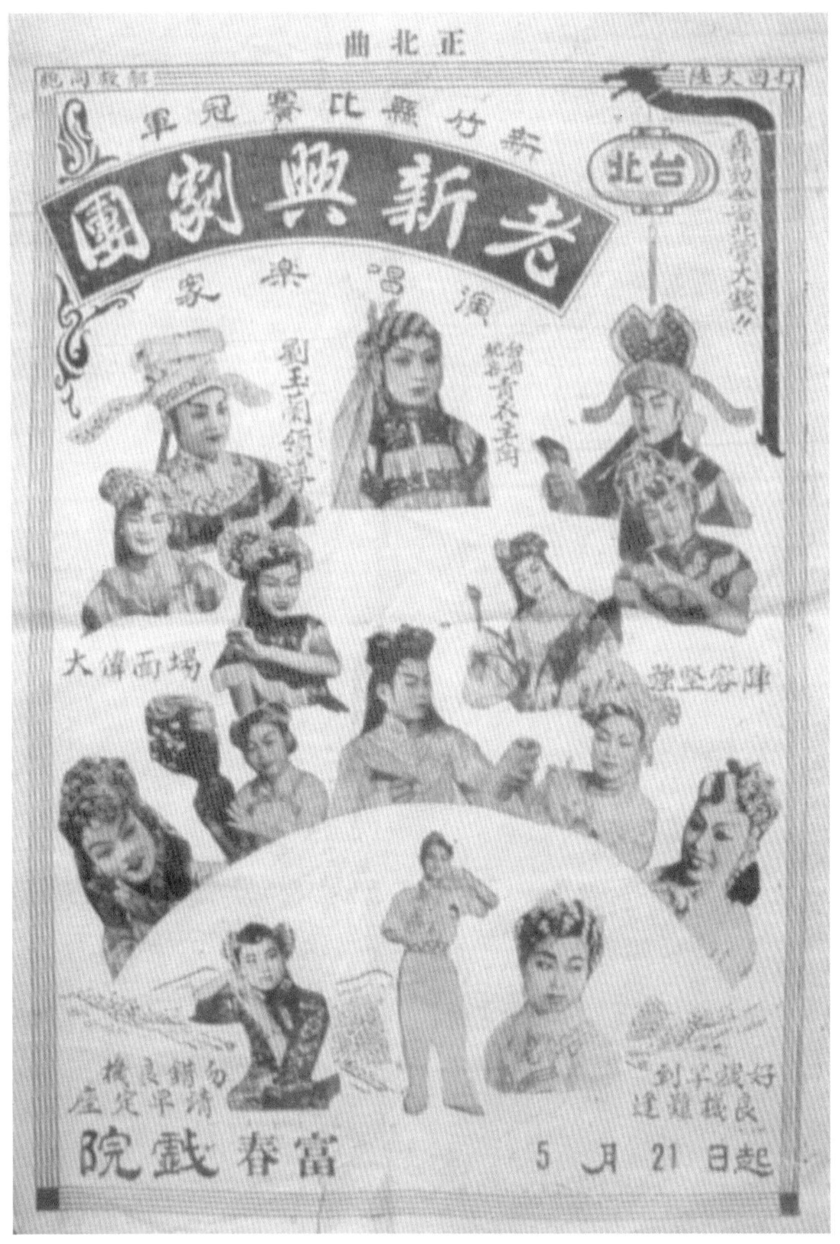

主題：老新興小傳單
時間：1950年代
尺寸：15×22cm

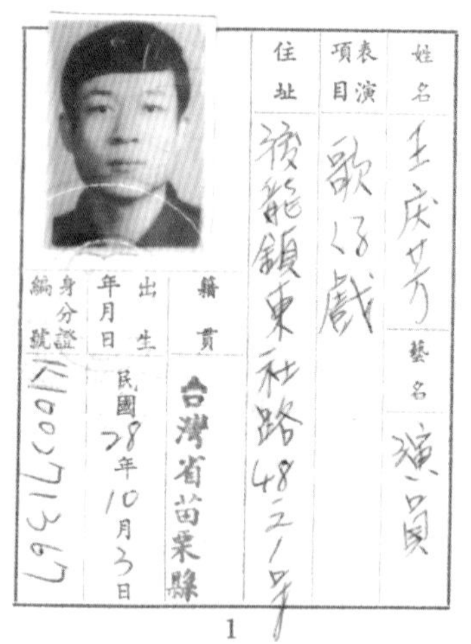

姓名	王庆芳	藝名	演員
表演項目	歌仔戲		
住址	後龍鎮東社路48之1号		
籍貫	台灣省苗栗縣		
出生年月日	民國28年10月3日		
身分證編號	K100713367		

1

注意事項：

一、本證不得轉讓、出借。

二、無本證不得參加職業性任何演出。

三、變更服務團體應予登記。

四、本證遺失時應申請補發。

五、本證於演出前及演出時隨時提供查驗。

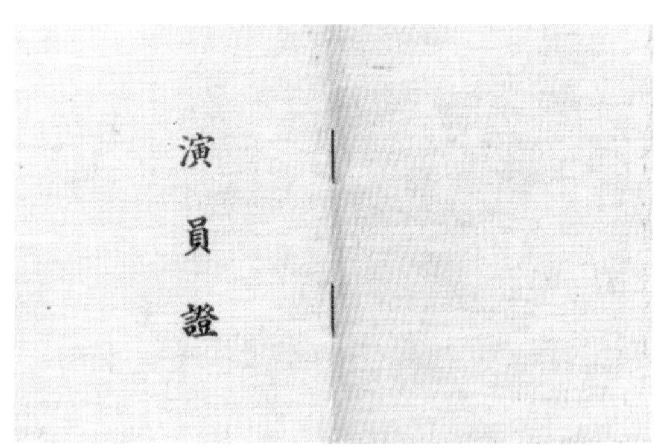

演員證

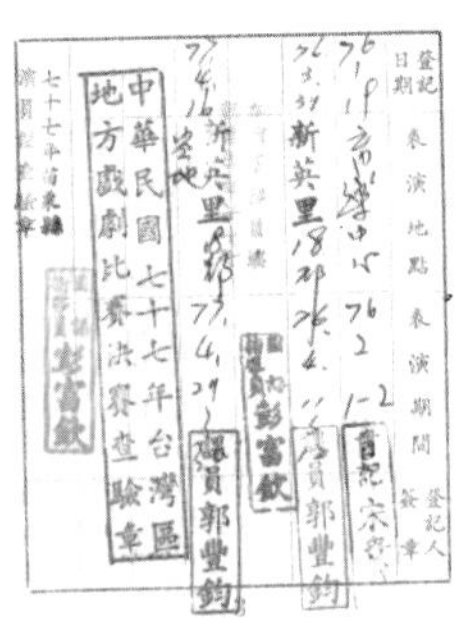

登記日期	表演地點	表演期間	登記人簽章
76.1.1	竹南	76.1.2	郭豐鈞
76.3.31	新英里		郭豐鈞
77.4.16		77.4.29	郭豐鈞

中華民國七十七年台灣區地方戲劇比賽決賽查驗章

彭富欽

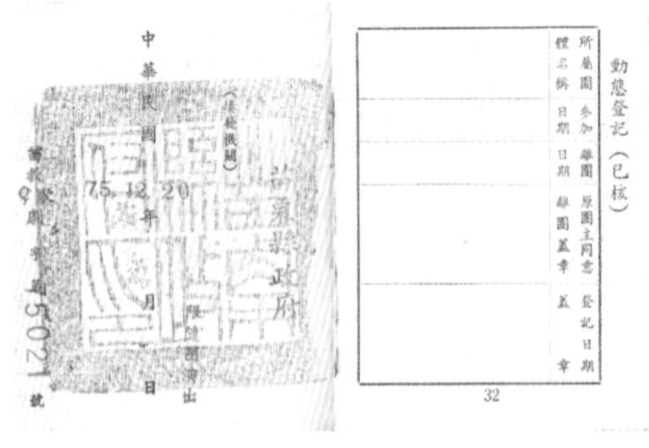

中華民國 75.12.20 年 月 日

勤惰登記（已核）

所屬團體名稱	參加日期	離團日期	原團主同意蓋章	登記日期蓋章

32

登記日期	表演地點	表演期間	登記人簽章

5

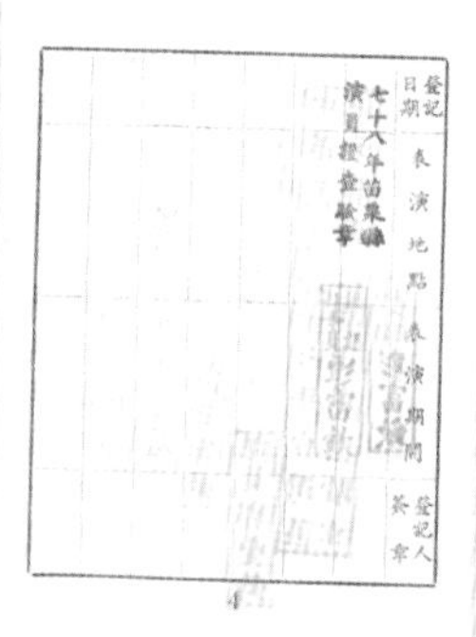

登記日期	表演地點	表演期間	登記人簽章
七十八年苗栗縣演員證查驗章			

4

主題：王慶芳演員證

時間：1986 年

尺寸：7.6 × 10.1 m

三、戲　箱

上坪阿鳳

十幾歲正紅的時候，我生母很多次親口交代我「你現在是正紅的男小生，私生活不可以隨便，要正派，也不要隨便跟戲迷出去，讓人看破手腳。要讓觀眾願意掏錢買票進來看你作戲。」我還勸過一個迷學戲的戲箱，專心繼承家裡的事業。

王慶芳

主題：上坪阿鳳（右）
時間：約 1957 年
尺寸：5.5 × 7.6 cm

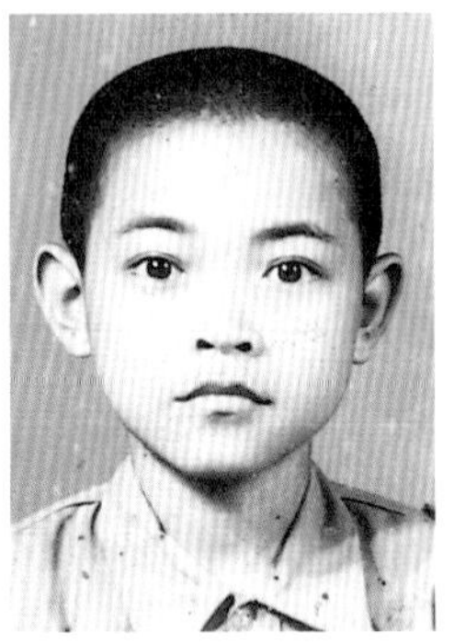

主題：馬沙　/ 內灣戲箱
時間：約 1954 年
尺寸：2.9 × 3.9 cm

主題：陳忠信
時間：1950 年代
尺寸：4.3 × 5.9 cm

主題：李坤山 / 南屯戲箱
乾爸李金連之子
時間：1950 年代
尺寸：5.9 × 8 cm

主題：外省人戲箱（左上）（右上）
　　　內灣廟內軍隊當兵
時間：約 1954 年
尺寸：3.8 × 5.8 cm

主題：外省人戲箱
　　　新竹九讚頭當兵
時間：約 1954 年
尺寸：5.9 × 7.8 cm（左下）
　　　6 × 8 cm（右下）

主題：阿鳳（林慶雲之女）
時間： 1950 年代
尺寸： 5.6 × 7.8 c m

主題：もり（劉世來之女）
時間： 1950 年代
尺寸： 3.8 × 5.5 c m

主題：もり（劉世來之女）
時間： 1950 年代
尺寸： 5.6 × 7.6 c m

主題：もり（劉世來之女）
時間： 1950 年代
尺寸： 5.7 × 7.5 c m

主題：陳秀玲←
陳水柳女，南屯戲箱
時間：約 1953 年
尺寸：7.6 × 11.3 cm

主題：上坪阿鳳↓
時間：約 1955 年
尺寸：4.6 × 6.9 cm

主題：上坪阿鳳↑
時間：約 1957 年
尺寸：5.8 × 7.8 cm

主題：南屯戲箱↓
時間：約 1955 年
尺寸：7.9 × 11.2 cm

主題：阿茶→
頭份新生戲院冰果室老闆娘
時間：約 1956 年
尺寸：3.5 × 5 cm

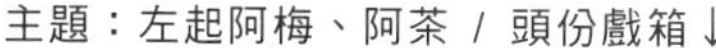

主題：左起阿梅、阿茶 / 頭份戲箱↓
時間：約 1956 年
尺寸：7.8 × 6.1 cm

索　引

【個　人】

二　劃

三　劃

四　劃

五　劃

六　劃

七　劃

八　劃

九　劃

十　劃

十一劃

十二劃

十三劃

十四劃

十四劃

十五劃

十 六 劃

十七劃

十八劃

十九劃

【戲班／團體】

九　劃

十　劃

十一劃

十二劃

十三劃

十五劃

十六劃

十七劃

十八劃

十八劃

【國家圖書館出版品預行編目資料】

雙桂長春：王慶芳生命史 / 范揚坤編著．
-- 第一版．-- 苗栗市 ：苗栗縣文化局　民 94
面： 21 × 29.7 公分．

ISBN　986-00-2615-7（平裝）

1. 王慶芳 - 傳記　　2. 戲曲 - 中國 - 傳記

982.9　　94020485

雙桂長春：王慶芳生命史

指導單位：苗栗縣政府
主辦單位：苗栗縣文化局
執行單位：中華民國民族音樂學會
出版單位：苗栗縣文化局
地　　址：苗栗市自治路 50 號
發 行 人 ：傅學鵬
總 編 輯 ：周錦宏
編　　著：范揚坤
文　　編：林曉英
美　　編：陳怡如
校　　對：范揚坤、林曉英、陳怡如
行　　政：曾新士、劉鴻珍、曾錦運、洪一珍、宋雪麗、徐照棠、張玉萍
承　　印：晨揚廣告事業有限公司　（02）86660877
出版年月：中華民國 94 年 10 月
版(刷)次：第 1 版第 1 刷
定　　價：NT$350 元